聖《セイント》♥尼《あま》さん

「クリスチャン」と「僧職女子」が結婚したら。

露の団姫《つゆのまるこ》

春秋社

はじめに

「まるちゃんは、将来アメリカ人と結婚したら良いと思うよ！」

当時二十一歳だった私に、敬愛する朝日放送アナウンサーの武田和歌子さんがいわれました。

「ア、アメリカ人⁉　なんでですか？」

「だって、まるちゃんは生き方が自由だし、個性的だし、そういう人って、国際結婚するとうまくいくみたいだよ！」

そこから三年後。私は武田さんを驚かせることになったのです。

「武田さん！　私、結婚することになりました！」

「本当⁉　おめでとう！　で、やっぱりアメリカ人？」

「さあ、それですよ！　国際結婚よりビックリです！」

「え⁉　なになに？」

「私が仏教徒であることは武田さんにだけ打ち明けていましたが……なんと、相手はクリスチャンなんです！」

「えー⁉　将来お坊さんになりたいっていってたまるちゃんがクリスチャンと結婚とは……！

アメリカ人よりビックリしたわ。（笑）」

こうして、私の異宗教結婚は幕を開けたのです。


はじめまして！　私は、落語家で天台宗僧侶の露の団姫と申します。笑った顔がオバケのQ太郎にソックリといわれる三十一歳です。

私は「女性で落語家」という、世間様からすると「え？　なんで？」と思われがちな、いわゆる変わり者です。入門したのは今から十二年前のことですが、当時の女性落語家は数名。ここ最近で少しは増えたものの、それでも全体で約二五〇名が属する上方落語協会において、現在、女性落語家は十六名にとどまっています。

そして、私にはもうひとつの顔があります。それが、「お坊さん」です。六年前に出家し、比叡山で修行。現在は仏教落語をライフワークとしています。

「女性の落語家で、しかも尼さん」――これだけでお腹いっぱいになりそうですが、実は私の最大の「持ちネタ」は私生活の中にあるのです。

夫の豊来家大治朗は、はじめて会ったときからとにかく不思議な人です。

例えば、「旅先でパンツを捨てる」というワケの分からんこだわりを持っているのですが、それについて「旅先でパンツ捨てるなんて、そんなん関西人の恥や！　やめーな」と咎めても「いえ、『旅のパンツは履き捨て』です」と、オリジナルの標語を作って対抗してきます。

　また、布団では寝ず畳で寝るとか、ブログの文章はツイッターのように短いなど、その生態は謎に包まれています。

　そんな大治朗は、洗礼を受けているプロテスタントのクリスチャンです。実家は仏教でありながら、大人になってから自分で教会へ行き、聖書の「みことば」に救われ、洗礼を受けたといいます。いわく、

「山があるから山に登るように、教会があったので教会の門を叩いた」

とのこと。本人にとってはそれ以上の理由はなく、まさに導かれるように教会へ行ったのがはじまりだそうです。

　さて、そんな大治朗と結婚することになった私は、多少の不安を抱えながらも、「これでまたネタが増える♪」と内心大喜びでした。ただ、ネタといっても決して浮ついた気持ちでネタにするわけではなかったのです。

　実は、今までの芸界では、ガチな宗教・政治ネタはタブーとされてきた背景がありました。しかし、私は昔から宗教が大好きだったので、宗教の魅力、信仰の喜びを、真面目かつ楽しく発信する機会をうかがっていたのです。そこへやってきた大治朗というクリスチャンは、私の想いを

具現化させてくれる最高のパートナーでした。

そしてはじまった異宗教結婚生活。おかげさまで楽しく暮らす日々ですが、それでも、今の夫婦関係を築くまでにはいろいろな葛藤があったのです。

「葛藤」――と聞くと、「やはり宗教が違うと苦労が……？」と考えてしまいがちですが、実は私たちの葛藤は「宗教」ではありませんでした。

というのも、これは本文で詳しく述べますが、夫の大治朗は「発達障害」の持ち主です。結婚前は見逃されていた障害で、結婚後に病院で診察を受けた結果、分かりました。

発達障害は、社会生活、また人間関係に大きな影響を与えます。その障害が分かるまでの苦しみ、分かってからの気持ちのすれ違いは、落語家の修業でも、お坊さんの修行でも体験したことのない壮絶なものでした。

離婚したいと思ったこともありましたが、そんな私たちを救ってくださったのが、それぞれの神様と仏様でした。お互いに信仰がなければ成り立たない結婚生活であることを、ひしひしと感じてきました。信仰は、別世界のものではなく、今、生きている私たちに優しく寄り添ってくれるものです。本書では、長らく曖昧にしか語ってこなかった我々夫婦の発達障害との向き合いかた、その中での救いについても赤裸々にお話をいたします。

また、文中では夫の大治朗が私との会話で夫婦であるにも関わらず「ですます調」の丁寧な言葉で話をしていますが、これは実際の喋り方をそのまま記しているものです。そう、実はこれも発達障害の特徴のひとつで、大治朗はいまだに年下の私に「ですます調」で語りかけてくるのです。

本書の目的は、私たち夫婦の日常の姿から、「異宗教結婚がいかに楽しいものであるか」、また、「どう楽しめば良いのか」を知っていただき、尚且つ、仏教やキリスト教について少しでも関心を持っていただくことです。

また、年に数回、「夫婦で宗教が違い悩んでいます」というご相談を複数の方からいただくため、異宗教結婚について、夫婦や周囲の人たちが争うことなく、宗教が違ってもお互いの理解と愛があれば、それは問題にすらならないということを知っていただきたいと思い、筆をとりました。

イエスさまとお釈迦さまに生かされている夫婦の物語の舞台は、兵庫県尼崎市。

異なる信仰を持つ夫婦の毎日は一体どんな生活なのか？　寝ても覚めてもキリスト教と仏教な我が家へ、ようこそ、おこしやす〜♪

豊来家《ほうらいや》大治朗《だいじろう》（39歳）

居住地	兵庫県尼崎市
宗教	キリスト教（プロテスタント）
職業	太神楽曲芸師
座右の銘	一日一歩
趣味	料理、川柳
団姫の初対面の印象	耳が大きい
長所	気が長い
短所	危機感がない
実は団姫は	一人で寝られない
好きな食べ物	肉じゃが（自作）
特技	妻に叱られること
小さい頃の夢	大工

団姫の描いた似顔絵

亀寿朗《かめじゅろう》（3歳）

好きなもの	電車
宗教	？？？
座右の銘	鶴は千年、亀は万年

※ 2017年現在

露《つゆ》の団姫《まるこ》（31歳）

居住地	兵庫県尼崎市
宗教	仏教（天台宗）
職業	落語家・天台宗僧侶
座右の銘	一隅《いちぐう》を照らす
趣味	ぬいぐるみ遊び、川柳
大治朗の初対面の印象	42歳ぐらい？
長所	有言実行
短所	恐がり
実は大治朗は	猫好き
好きな食べ物	蕎麦
特技	夫を叱ること
小さい頃の夢	警察官

©SAKURAI. D

ぽ〜ろ（小学4年生）

職業	ゆるキャラ（団姫の相方）
宗教	ポテチ教
座右の銘	濡れ手で粟

聖《セイント》♡尼《あま》さん——「クリスチャン」と「僧職女子」が結婚したら。

目次

はじめに　i
教会と延暦寺の鐘が鳴る　3
【コラム①】落語と仏教　16
ダーリンは隠れキリシタン　19
【コラム②】お坊さんは結婚してもいいの？　31
いよいよ結婚！　出家！　剃髪！　35
【コラム③】「愛」と「愛欲」　43
「あまちゃん」と「クリスチャン」の誕生！　47
【コラム④】カトリックとプロテスタント　54

ふたりの日常　57
【コラム⑤】宗教と食べ物　72
「主人」ではなく「旦那」　75
私の修行の場　89
【コラム⑥】発達障害と楽しく暮らす♡七箇条　98
汝の隣人を愛せよ？　101
【コラム⑦】日本語の中にはキリスト教用語もいっぱい⁉　115
仏教とキリスト教のハーフが誕生⁉　119
【コラム⑧】日本仏教の主な宗派　128

子育て奮闘記 131
【コラム⑨】大乗仏教と上座部仏教 141
法華経＝キツイ!? 145
いろいろな宗教からアノ手コノ手 151
【コラム⑩】「職業病」ならぬ「信仰病」にご注意を！ 164
凸凹夫婦を救った「発達凸凹」 167
おわりに（大治朗） 177
おわりに「御大切」（団姫） 187

聖《セイント》♡尼《あま》さん——「クリスチャン」と「僧職女子」が結婚したら。

教会と延暦寺の鐘が鳴る

「健やかなるときも、病めるときも、富めるときも、貧しきときも、死が二人を分かつまで、愛し合うと誓いますか？」

「誓います」

美しい讃美歌、朗らかな牧師さん、頬を赤らめ誓いのキスをした二人。

二〇一一年三月、大阪クリスチャンセンターのチャペルにおいて、私たちは晴れて「夫婦」となったのでした。

しかし……

私たちには、もう一人、いいえ、もうおひと方、永遠の愛を誓う相手がいたのです。

後日――

「能《よ》く持《たも》つや否や」

「能く持つ」

線香の煙が立ちこめる中、ゆらめく蠟燭の明かり。高僧を目の前に若い二人は緊張の面持ちです。そう、ここは日本仏教の母山、天台宗総本山・比叡山延暦寺。

私たちは大日如来様へと手を合わせ、深く深く礼拝をしたのです。

出会い

「おはようございます、団姫さん」

その朝、私は何ともいえない喜びに包まれていました。愛する「大治朗さん」と結婚し、ついに新婚生活が始まったのです。

「これから毎日大治朗さんと一緒にいられるんや♪　毎日こうやって、おはよう、おやすみと言って手を繋いで眠れるなんて♪」

こんな喜びに満たされたのは、人生で二回目のことでした。

「大治朗さん」と知り合ったのは、半年前のこと。名古屋にある大須演芸場でのことでした。

その頃の私は入門して五年の新人落語家。

二〇〇五年に入門し、三年間の住み込み修業を経て独り立ち。大阪・南森町にある天満《てんま》天神繁昌亭《てんじんはんじょうてい》をホームグラウンドとしながら、テレビやラジオのレギュラー出演と、はたから見れば充実した日々を送っていました。

そんなある日のこと。私は恒例となっていた大須演芸場での夏の出番で、運命の出会いを果たすことになったのです。

大須演芸場は名古屋にある中京唯一の寄席で、毎年八月十一日から二十日、師匠が主任を務める怪談噺の特集で出番をいただいていました。

一日二回公演を十日間。当時はホテルではなく楽屋に泊まり込みでの出演だったため、出番の間には、掃除、洗濯、炊事、買い出し、公演のチラシ配りと、忙しく過ごしていました。

夜になれば師匠と銭湯へ行き、晩御飯は他の先輩も交えて楽屋で晩酌。お酒は好きなものの師匠の前では酔うわけにいかず、修業はあけていても二十四時間緊張の連続でした。十日間の公演が半ばに差し掛かった頃です。八月十六日の朝、いつものように寄席の表の掃き掃除をしていると、大きな荷物を持った男の人が近付いてきました。

「あ、今日から出番の太神楽のお兄さんかな?」

後輩である私のほうからすぐに「おはようございます！」と頭を下げました。そして、パッと顔をみあげた瞬間、そう、その顔を見た瞬間、まるで何かのお告げのように、私は感じたのです。

「あ！　私、この人と結婚する！」

全然タイプじゃなかったのに、不思議ですよね。(爆)

自分でも信じたくなかったのに、惚れてしまった

とりあえず、私は冷静になろうと思いました。なぜなら今までこんな経験は一度もなかったからです。そこですぐに自分に言い聞かせました。

「いやいや、一目ぼれと違うって。毎日毎日師匠と一緒で緊張してるから、心がオアシスを求めてるだけやって。そうや、あれや！　無人島だと男女が一緒になってしまうのと同じ仕組み。ああ、人間てよお出来てるわ！　冷静に冷静に。だって、好みでもなんでもないやん。見た目、四十二歳ぐらいやん。いや、あれは子ども三人ぐらいいてはるって。

恰好もダサいやん。ビン底メガネやし、夏なのに暑そうなコーデュロイのズボンはいてるし、よれよれのTシャツやし。ないない」

しかし、どうも気になって仕方がなかったので、その日の晩、親友の桂《かつら》ぽんぽ娘《こ》（桂文福門下の自称・ピンク落語家。著者と芸風は一八〇度違うが、とても気の合う大親友）さんに電話したのです。するとぽんぽ娘さんがいいました。

「ええー！　お姉さんマジですかー!?　それは、絶対に、運命♡ですよー！　いやー♡いいじゃないですかー！　とりあえず、連絡先交換したほうがいいですよ♡」

テンションMAXのぽんぽ娘さんに「うーん、分かった……」と返事をしました。

翌朝。どうやってメールアドレスを聞こうと悩んでいると、私の乙女心など一切知らない師匠がパンをかじりながら言いました。

「団姫、昨日から来てる大治朗くん、楽屋いるか見てきて。朝ごはん一緒に食べるぞー、いうて」

それから私は「大治朗兄さん」を楽屋へ呼びに行き、知らないうちに兄さんはうちの師匠からまるで一門のように扱われ、一緒にスーパーへ買い出しに行き、「業務連絡」という名のもと、私たちはすんなりと連絡先を交換したのでした。

その日、大治朗兄さんは、日本で唯一とされる「剣の輪くぐり」を舞台で披露しました。

これは、直径六十センチの輪にナイフを八本差し、そこを跳んでぐるという技です。それだけでも大変危険ですが、なんと手に茶碗を六つ持ちとびこむといいます。技は、見事成功。すると、それを見ていたうちの師匠がスッと兄さんに近寄り、こう言ったのです。

「大ちゃん、自分な、六つの茶碗持って跳ぶやんか？　あのときな、間をたっぷり持たせて、『六つの茶碗を持って跳びます、大変危険です……ムチャだワン』ていうてみ？」

その瞬間、私は我が師匠ながら心の中でツッコミまくっていました。

「(えええ!?　師匠、よそのお弟子さんになんてアドバイスを……！　最悪や！　最悪や！)」

しかし、その〝最悪なアドバイス〟を、兄さんは次の舞台で実行に移しました。

「六つの茶碗を持って飛びます、大変危険です……ムチャだワン」

結果。シーン……。そりゃ、そうです。するとまた師匠がでてきました。

「大ちゃん、大丈夫や！　ああゆうもんはな、なんべんもやってたらウケるようになるさかい！」

な、なにが大丈夫なんやろう……。もう、師匠、本当にお願いですからヤメテクダサイ……。心の中で祈りました。

しかし、ここからが驚きでした。なんとそれから兄さんは何度も何度もスベリながらも「ムチャだワン」を繰り返し、最終日には大爆笑。拍手まで起こるようになっていたのです。

私は思いました。

「自分は、師匠のアドバイスをいつも素直に聞いているだろうか？　我が師匠の言うことすらちゃんとできていないのに、よその師匠や先輩の言うことを、あそこまで素直に実践できるだろうか？　あの兄さんは、ちゃんとアドバイスを聞いて、実行して、ウケた。これは見習わないと……」

そのとき、私の頭の中に、大師匠にあたる二代目・露の五郎兵衛《ごろべえ》師匠のおかみさんの言葉が思い起こされました。

「ええか、まるちゃん、結婚はな、自分が尊敬できる人とするんやで」

付き合ってください

たった五日の出番のさなか。毎夜、師匠が寝てから兄さんと楽屋で喋り続けました。兄さんは農業高校の出身だということ、今は大阪の八尾に住んでいるということ、モスバーガーでバイトをしていて、「緑モス」は「赤モス」とは格がちがうとか。楽しくて楽しくて、どんどん好きになっていきました。そして、出番が終わった翌日のこと。「大阪に帰ったら、また電話します」と言った兄さんから着信があり、「付き合ってください」といわれ、交際がスタートしたのでした。

初デートは、八尾《やお》の河内《かわち》音頭まつり。お互いに河内音頭を得意とされる桂文福師匠にお世話になっていたことから文福師匠の話題で盛り上がり、それから居酒屋をぶらついて、炉端焼きでチョット一杯。別の日には水木しげる展を見に行き、兄さんがやけに「ぬりかべ」や「一反もめん」の生態に詳しいことを知りました。デートを繰り返す中で、私は自分のことも知ってもらいたいという気持ちで、仏教が大好きであること、いつかお坊さんになりたいという夢を語っていました。

お坊さんになりたい

私がお坊さんになりたいと思ったのは、高校一年生の頃でした。小さい頃から「人間は死んだらどうなるんだろう？」ということが不思議で、怖くて、その答えを探し求めていました。そして中学生のとき、社会科の授業で世の中には宗教というものがあると知りました。きっとその「宗教」なるものに、生きること、死ぬことの答えがあるはずだと思い、高校生になったらバイトをして、そのバイト代で宗教の勉強をしようと決めました。

高校に入学すると、すぐに回転すし屋のアルバイトをはじめ、はじめての給料でキリスト教の聖書を買いました。素晴らしい内容に感動しきりで、聖書って、キリスト教って、スゴイ！　と、高校の授業そっちのけで聖書を読み進めました。

聖書を読み終わると、次はコーランを読みたくなりました。コーランの日本語訳（正確にはコーランは他の言語に訳してはいけないとされているので、あくまでも解説書、という扱いの書籍）を自宅で読んでいると、さすがに母親はビックリしていました。どうやって驚いたかって？「それ、コーラン？〝アラー！〟」って。（笑）

コーランを読み終えると、仏教の総合雑誌で『大法輪』という月刊誌があることを知りました。さまざまな宗派の教えがバランスよく分かりやすく書いてあるといいます。それを読み進めていくうちに、私は「法華経」なるものに惹かれていくようになりました。だって、「法華経は諸経の王である」と書いてあるんです。お経の中の王様？　ええ？　じゃあそれってどれだけスゴイの？　と、そこから法華経を専門的に勉強するようになり、妙法蓮華経《みょうほうれんげきょう》如来寿量品《にょらいじゅりょうほん》第十六《だいじゅうろく》という部分に出会ったとき、「お釈迦さまは私の魂の父親だ！」と強烈に感激し、嬉し涙がこぼれてきました。

ではここで、ほんの少しだけ法華経のお話をさせてください。仏教にはさまざまなお経があり、日本仏教で親しまれている代表的なお経には、般若心経や阿弥陀経、そして法華経があります。
法華経は、女性も男性も、子どももお年寄りも、「みんなを幸せにするお経」であり、「生きる喜び」を教えてくれ、お釈迦様が魂の師匠としてグイグイ私たちを指導してくださるお経です。私はこのお経に出会って、生まれてきたことにはじめて感謝をしました。世界が輝いて見えました。大治朗と結婚し、はじめて迎えた朝の満たされた喜びは人生で二回目だと書きましたが、私の人生初の喜びは、この法華経に出会った瞬間だったのです。
このお経の素晴らしさ、その喜びについてはいくら語っても語りつくせませんのでここではこのくらいにさせていただきますが、どうしても詳しく知りたいという方は拙著『法華経が好き！』（春秋社）をご一読ください。（笑）
冗談はさておき。そのようにして法華経の喜びを知った私は、「この素晴らしい教えがあれば、この先の人生どんなつらいことがあっても元気に生きていける！」という活力をいただきました。そして「この教えを独り占めするのはもったいない！　もっともっといろいろな人に知ってもらいたい！　そうだ！　そのためにはお坊さんになればいいんだ！」と思ったのです。しかしその当時、私は落語家になりたいという夢もあったため、悩みました。

「落語家になるか、お坊さんになるか」――すると、法華経のなかに「自分の個性を活かしてこの教えを広めなさい」とあったので、「じゃあ、落語家になって、お坊さんになって、落語で仏教を広めよう！」と考えたのでした。

そこで、まずは十八歳で落語家として師匠のもとへ入門。二十一歳で修業が明け、大治朗と出会った二十三歳の頃は、天台宗へ「お坊さんにならせてください」と頼み込んでいる真っ最中でした。そして、お坊さんにはなれなくても「天台宗キャンペーンガール」として仏教落語をさせていただいている頃だったのです。

だから、大治朗にはこう語っていました。

「大治朗兄さん、私、まだ内緒なんですけど、将来お坊さんになって、仏教落語で布教をしたいんです。だから、比叡山にずっと弟子入り志願に行ってるんです。でもまだまだで。いつ弟子入りが許されるか分からないけど、比叡山から得度《とくど》（出家の儀式）を許されたら、それが明日でも、三十年後でも、すぐに頭を丸めて修行に行かせていただきたいと思ってるんです」

すると大治朗は震える声で言いました。

「ええ……？　あの、お坊さんに……なりたいんですか？　もう、落語家なのに？　いえ、それはいいんですけど、お坊さんになったら、結婚ってできるんですか？」

「け、結婚⁉」

隠し事が下手な大治朗。私は内心「兄さん、私と結婚したいんや……！」と浮かれていました。

結婚に対する夢

告白します。実は私、将来の夢が落語家とお坊さんと決まった高校一年生の頃から、あまり結婚を意識したことはありませんでした。なぜなら、その二つの活動に全身全霊で取り組みたいと思っていたので「結婚している暇などない」と考えていたのです。

しかしあるとき大治朗とデートをしていると、大治朗の人生において初めてできた恋人が私であると知りました。

「ええ⁉　この人、三十二歳（当時）で私がはじめての彼女⁉　あっちゃー！　これは責任とらな！」と、結婚する気になったのです。え？　ふつう逆ですか？　逆もなにも、ええやないですか。（笑）

そこで私は自分のなかにあったほんのわずかな「結婚に対する夢」を呼び起こしました。

「将来、もしも結婚したら」……実は私にも、少しだけ思い描いていた淡い夢があったのです。それは、夫とともに「朝夕のお勤め」をすることでした。そう、私は将来もしも結婚したら愛する夫と仏壇の前に並び、ともに読経する、そんな生活を夢見ていたのです。

大治朗との交際がはじまり、結婚を意識するようになり、今まではハテナマークだった「未来の夫」の顔に大治朗の丸顔をあてはめ、妄想し、勝手にニヤニヤすることが増えました。

「大治朗兄さんから〝結婚〟という言葉が出てきた……♡　やったー！　愛する人と読経する日は遠くない!!」

しかしその三か月後、それは叶わぬ夢だと知ったのです。

コラム①　落語と仏教

「お坊さんが通るよ」

「ソウ」

オチがつくから「落語」といわれる日本の古典芸能。はじまりは江戸時代。ほぼ同時期に現れた、江戸の鹿野武左衛門《しかのぶざえもん》、大阪の米沢彦八《よねざわひこはち》、そして京都の露《つゆ》の五郎兵衛《ごろべえ》に由来するものだといわれています。

なかでも、上方落語の祖の一人と呼ばれる露の五郎兵衛は、日蓮宗の談義僧でした。談義僧とは仏教の教えをオモシロおかしく人々へ伝えるお坊さんのこと。つまり、落語はお坊さんからはじまった古典芸能といっても過言ではないのです。

しかも、不思議なことに露の五郎兵衛が落語のもととなった「辻咄《つじばなし》」をはじめたのは京都の北野天満宮といいますから、落語が仏教の枠を超えて、より深く宗教と関わりを持っていたことが推察できます。

またここで、もう一人注目すべきお坊さんがいます。それが、浄土宗西山深草《せいざんふかくさ》派総本山誓願寺《せいがんじ》第五十五世法主・安楽庵策伝《あんらくあんさくでん》上人です。

策伝上人は、笑話集である『醒睡笑《せいすいしょう》』を書かれた方で、現在でもよく高座にかけられる「たいらばやしかヒラリンか〜♪　いちはち〜じゅうのモークモク♪」でおなじみの『平林《ひらばやし》』の作者として知られています。

仏教は、二千五百年という長い歴史の中で、布教の形を常にその時代に合わせ柔らかく変化させてきました。江戸時代に作られたお坊さんによる落語は、民衆にとって〝笑っているうちに気が付けばためになっている〟という、まさに当時最先端の布教方法だったのでしょう。

現在、古典落語には阿弥陀経をもとにした『寿限無《じゅげむ》』や、百喩経《ひゃくゆきょう》というお経をもとにした『松山鏡《まつやまかがみ》』があります。

また、『宗論《しゅうろん》』という噺では、熱心な仏教徒である父親と、ある日突然キリスト教に改宗した息子とのやりとりが描かれています。この噺で特徴的なのは、なぜかクリスチャンとなった息子が「オゥトウサァマ〜！」と外国人を連想させる喋り方になっているところ。日本人の「キリスト教」＝「外国」のイメージが良く表れている一席だといえます。

（仏教だって、もともとはインド発祥なので外国の宗教なんですけどネ！）

「宗論はどちらが負けても釈迦の恥」という古くから伝わる川柳の意味を滑稽に描いている『宗論』。やはり、宗教でモメるのは、百害あって一利なしのようです。

ではここで特別に、落語の歴史の中で傑作と呼ばれる小咄をひとつご紹介いたしましょう！

「お坊さん」とかけて

「朝刊」ととく

そのこころは

「袈裟着て（今朝きて）経読む（今日読む）」

おあとがよろしいようで☆

ダーリンは隠れキリシタン

誕生日に届いた不思議なメール

「大治朗兄さんと結婚したい」――そんな気持ちで迎えた二十四歳の誕生日。
その日は、お互いに終日仕事で会うことが出来ませんでした。すると、大治朗からメールが届いたのです。

差出人：豊来家大治朗さん
件名：誕生日おめでとうございます
本文：団姫さんに出会わせていただいたことを感謝します

私は、最初にこのメールを見たときに不思議な気持ちになりました。三十二歳の男性が、「出会わせていただいたことを感謝します」と彼女の誕生日にメールするのって、ちょっと変わってるな〜と。そして、この感覚、どこかで味わったことがあるなと思ったのです。

それが、大師匠の存在でした。

クリスチャン一家に育てられたマルコ

私は、十八歳から二十一歳までの間、大師匠である二代目・露の五郎兵衛師匠のご自宅で住み込みの弟子としてお世話になっていました。というのも、私の本当の師匠は露の団四郎といいますが、私の入門当時、大師匠は七十三歳で、おかみさんと二人暮らし。そこで、師匠想いだった我が師匠は、派遣社員ならぬ派遣弟子として、私を大師匠のもとへと遣わし、住み込むよう命じたのです。住み込みの弟子というと、掃除、洗濯、炊事、なにからなにまでやらせていただきます。私は高校在学中に運転免許も取得していたため、仕事や病院の送り迎えもOK。結果、孫弟子が住み込むことによって大師匠とおかみさんは生活面で多少なりとも便利になり、私自身は本来であればお近づきになれない、人間国宝のような大師匠の付き人をさせていただけるという、またとないチャンスをいただけたのです。

さて、そんな大師匠のご自宅にお世話になる初日のことです。私はビックリしました。

なんと、食事の前におかみさんが手をサッと胸の前で組み合わせ、「愛する天のお父様……アーメン」とお祈りをしているのです。

……え？

するとおかみさんが言われました。

「ああ、まるちゃん、言うてへんかったかな？　うちはな、師匠も私も娘も、みなクリスチャンやねん」

えええー！　クリスチャン、ですか？　そのとき、私には二つの気持ちが交錯していました。

一つは、「大師匠一家がクリスチャン!?　ということは、私もキリスト教のことをもっと知れるのだろうか？　教会へ行って、牧師さんの説教を聞いたりできるのだろうか……めちゃくちゃ楽しみ！　仏教徒だけど聖書も大好きだから嬉しいよ〜♪」

そしてもう一つは「ちょっと待って？　ということは、私が仏教徒であることは許されるんやろか？　私は初代・露の五郎兵衛が僧侶であり落語の創始者と本で読んで、それから露の一門に興味を持って、落語を見て、師匠に入門したけど……まさか、初代が僧侶、二代目がクリスチャンとは……というか、これからお世話になるということは、今ここで思い切って自分は仏教徒ですと告白するか、三年間隠れ仏教徒になるしかないな、うーん」

そこで、入門するときの母の言葉を思い出しました。

「いい？　弟子入りしたら、師匠にどんなことでもちゃんと話しなさい」

……言おう。大師匠に、おかみさんに、自分は仏教徒です。でも、高校生のときに聖書を読んで感動しました。キリスト教も好きですと、どれも正直に言おうと思いました。

そして、私が信仰を告げると、大師匠は笑顔で「信仰を持つのはええこっちゃ」と言ってくださったのでした。それから私は日曜日になるとキリスト教会まで大師匠ご夫妻の送り迎えをするようになったのです。

教会へ行くと、クリスチャンの方々は私のこともいつも喜んで迎えてくださいました。なにせ、名前がマルコですから、「さすが露の五郎兵衛師匠の孫弟子さん！　マルコによる福音書のマルコですよね♡」と……いえ、違うのですが、これも不思議なご縁だなと思いました。

それからの三年間、修業中には本当にいろいろなことがありました。しかしそのたびに私は大師匠夫妻に守られ、クリスチャンの娘さんたちに助けられたのです。

「聖書に生きる」大師匠一家に育てられ、私は「落語家としての生き方」と「クリスチャンの愛」を学んだのでした。

そして、これは余談ですが、大師匠のおかみさんとは修業が明けた今でもたまに温泉旅行やカラオケに行かせていただくことがあります。クリスチャンであるおかみさんとのカラオケ。いつも私は自分の一曲目は「異邦人」と決めています。そんな私を「洒落がきいている」と喜んでくださるおかみさんは、私にとって「愛」そのもののお方なのです。

雰囲気で分かる！

大師匠ご夫妻とのお付き合いの関係で、落語家の修業が明ける頃にはクリスチャンの知り合いが沢山できていました。そして、気が付けば「あ、この人なんとなくクリスチャンぽいな」ということが分かるようになっていました。これは説明しがたい感覚なのですが、例えば、今では新幹線で作務衣を着たお坊さんを見かけると、「あ、このお坊さんは多分曹洞宗」とか「この方は浄土宗っぽいな」と、なんとなく分かるのです。その後、話しかけてみて答え合わせをすると、正解率は九十五パーセント。なんの役にも立ちませんが、「相手の宗教・宗派が分かる」というのは、今では私の特技のひとつです。

ちなみに大治朗の第一印象は、キリスト教か神道というイメージでした。仏教的な雰囲気はゼロで、多分あまり興味もないだろうなと思っていました。だからこそ、無理に布教をする気もなく、あくまでも自分はこういう信仰と夢があります、という形で仏教の話をしていました。

しかし、あの誕生日のメールを見た途端、私は携帯にツッコミました。

「出会えたことに感謝します、って、これ、神様に言うことやん！」

そう、その瞬間、私の頭の中には大治朗が教会の十字架の前で祈る姿がパッと思い浮かんだのです。

そして、思いました。

「うーん、これはクリスチャンで間違いないな……！」

大治朗の懺悔

それから、次のデートまではしばらく間が空いてしまいました。毎年、秋のシーズンは仕事が一番忙しく、その年も一か月休みなしで働いていました。その間私は大治朗と楽しくメールをしながらも、「次に会ったら、クリスチャンかどうか確かめよう」と密かに計画を立てていました。そしてついに、その日はやってきたのです。

「団姫さん、久しぶりですね。連日の高座で、喉、大丈夫？」

「はい、大丈夫です。それより大治朗さん、ちょっと聞きたいことがあるんですけど」

「なんですか？」

「単刀直入に聞きますが……大治朗さんて、もしかしてクリスチャンではないですか？」

そのときの大治朗の動揺の仕方は、半端なものではありませんでした。顔は青ざめ、今にも倒れそうでした。

「な、な、なんで、そ、そんなふうに思うんですか？」

「私、なぜか相手の宗教が分かるんです」

すると大治朗はしばらく黙り込み、私に言ったのです。

「……すいません。僕、黙っていましたが、クリスチャンなんです」

「やっぱり！　でも、大治朗さん、なんで謝るの？　信仰心を持つって、とっても素晴らしいことじゃないですか！　あなたはイエス様に愛され、生かされている人なのだから、コソコソせずにもっと胸を張って信仰に生きたらいいのに！」

「ええ？　団姫さんは、僕がクリスチャンでも良いんですか？」

「良いも悪いも、あなたが信仰を持つ人で、今、とっても嬉しいです」

「良かった……僕、自分がクリスチャンとバレたら、フラれると思っていたんです。団姫さんがそう言ってくれて安心しました。それなら、結婚も……していただけるでしょうか」

「け、結婚!?」

「はい……結婚してください」

そして、私たちは結婚することになったのです。

一隅を照らす

大治朗がクリスチャンだと分かったその日は、実にいろいろなことを語らいました。まず驚いたのが、大治朗の実家は浄土真宗のご門徒さん（いわゆる檀家さん）であるということ。私の知っているクリスチャンの方は「クリスチャンホーム」といって、実家がもともとキリスト教という家庭で育った方が多かったため、大人になってから、大治朗が自ら教会の門を叩いたということが意外でした。二十七歳のときだったといいます。

しかし、私にとってこれはより嬉しい話でした。なぜなら、いつも内気でなんだかフニャフニャしていて頼りない大治朗（言い過ぎ？）が自身でしっかりと導かれ、信仰の道を歩んでいることに「ああ、この人、頼りないけど一番大事なことを知っているから大丈夫や！ 魂の軸がある」と安心したからです。

それから、大治朗ははじめて教会へ行った日、牧師さんのメッセージ……これは、仏教でいうところの「法話」にあたるものですが、そのときに紹介された「みことば」に救われたと話してくれました。

一つのからだには多くの器官があって、すべての器官が同じ働きはしないのと同じように、大勢いる私たちも、キリストにあって一つのからだであり、ひとりひとり互いに器官なのです。（新約聖書「ローマ人への手紙：十二章四〜五節」）

当時、大治朗は芸人になって五年、さまざまな壁にぶち当たっていました。ライバルがどんどん売れていく。ギャラがなかなか上がらない。実力を認めてもらえない。なんであいつが、あいつばっかり……と、自身の驕った気持ちに溺れ、嫉妬に苛まれていました。そして、一番悩んでいたのは人間関係です。「空気が読めない」「社会性がない」と、現場で叱られることが日常茶飯事でした。これはのちに分かることですが、大治朗は実は「大人の発達障害」で、その当時は自分でも発達障害であることが分からなかったため、空回りし続け、信用を落とすこともありました。

そんなときに出会ったこの「みことば」は、大治朗の苦しみを解き放ってくれました。人と比べなくて良いのだ、自分の個性を活かしてコツコツやっていけば良いのだ、手が足に嫉妬しても足の役割はできないのなら、自分も他人に嫉妬していても仕方がない、と、やっとハラをくくれたそうです。

このとき、私は自身の好きな「一隅《いちぐう》を照らす」という教えとよく似ているなと思いました。「一隅を照らす」とは比叡山をひらかれた伝教大師・最澄上人のお言葉で、「自分の持ち場で自分の役割を一生懸命頑張ることによって世の中が明るく照らされていく」という教えです。私は、学校の勉強が得意なわけでもなく、スポーツが出来るわけでもなく、それでも、落語と仏教が好きで、それに全力を注ぎたいと考えてきました。きっと自分にしかできないことがあるからです。そんな気持ちにOKサインを出してくれた「一隅を照らす」という教えは、大治朗の好きな「みことば」と、とても似ているように感じたのです。

信じる宗教が違うのに、同じような素晴らしい教えに導かれている。

育った場所も、言葉も違う、まるで異国の地で出会った兄弟のような気持ちになりました。

親が違って当たり前

さてこのように、仏教にもキリスト教にも、実は同じような教えが沢山あります。それならば、どっちでも一緒だとか、統一してしまえばよいという安易な意見もありますが、私は常々「〝宗教が違う〟ということは、〝親が違う〟ということと同じでは？」と思っています。

例えば、私にとってお釈迦様は魂の「親」そのものです。大治朗にとってもイエス様は「親」です。我々人間、人それぞれみんな親が違って当たり前で、結婚したらお互いの親を大事にします。だからこのとき、結婚してもお互いの親を大事にするように、お互いの神様とお互いの仏様を大事にしたらええやん、という話になりました。

ちなみに、日本古来の「家と家の結婚」をすると、なぜか当たり前のように宗教までパートナーに合わせられることがありますが、人間の心って、信仰心って、そんな簡単なものではありません。なので私たちは、「鳴海家」と「井村家」の結婚ではなく、仏教徒である露の団姫と、クリスチャンである豊来家大治朗という個人同士での結婚をすることにしたのです。

仏教とキリスト教、共通点は多々ありますが、仲良くするために大切なことは、その共通点を無理に探したりすり合わせることではありません。

必要なのは、みんな違って当たり前なのだと認め合うこと。それこそが夫婦、家族、社会の円満、平和への近道だと感じました。

「大治朗さん、今日はいろいろと話してくれて本当にありがとう！　私は仏教徒だけど、とにかく大治朗さんがクリスチャンで嬉しいし、これからもいろいろ楽しみです！　でも大治朗さん、もしも私が『あなたってクリスチャン？』と聞かなければどうするつもりだったの？」

「はい、一生隠れキリシタンでいるつもりでした」

なんでやねん！

晴れて、大治朗は「隠れキリシタン」から「オープンなキリシタン」となったのでした。

コラム② お坊さんは結婚してもいいの？

数年前、夫婦で行ったタイ旅行でのこと。バンコク市内を歩いていると現地のお坊さんにジェスチャーで「こっちへおいで」と呼ばれました。僧院へ入ると、お茶やお菓子が運ばれてきて、そこからボディランゲージで会話をすることになったのです。

ここで感動したのが、お互い申し訳程度の英語しか喋れないにも関わらず、なんとなくの会話で何時間もコミュニケーションがとれたこと。言葉は分からなくても信仰で繋がることが出来るのだと嬉しくなりました。

すると、タイのお坊さんが大治朗のほうへ視線をやり、私に「この男は一体……？」と聞いてきました。そこで私は思わず「ブ、ブラザー」と嘘をついてしまったのです。

ではなぜこのとき、私は咄嗟にそのような嘘をついてしまったのでしょうか？

実は、「お坊さんが結婚をする」というのは日本仏教独自のもので、これは日本国外ではあまり受け入れてもらえない文化です。

というのも、もともとは日本のお坊さんも生涯独身を貫いていたのですが、明治五年、政府から「肉食妻帯、勝手たるべし」というお達しが出たことによって、その後、今のような「お坊さんも結婚する」流れになったといわれているのです。

また、「男のお坊さんは結婚ＯＫだけど、尼さんはダメなんでしょ？」と思っておられる方もいまだ多くいらっしゃいますが、そんなことはありません。「平等」を掲げる仏教ですから、男性僧侶に認められている結婚は、女性僧侶にももちろん認められているのです。

それにしても、お坊さんでクリスチャンと結婚するのは、非常に珍しいことだと思います。

結婚が決まったとき、まだ私はお坊さんではありませんでしたが、大治朗のお世話になっている牧師先生におうかがいをたてに行きました。

「牧師先生、実はこうこうこうで私は仏教徒なのですが、彼と結婚させていただいてもよろしいですか？」

牧師先生、予想通りの苦い顔をされました。「（ああ、やっぱりだめかな？）」と不安に思っていると、牧師先生はその重い口をひらき、いわれたのです。

「そうですね……牧師の立場としては、仏教徒だと断言されている方との結婚を……やはり、二つ返事で認めるわけにはいきません。でも、大治朗さんと団姫さんがどうしてもということであれば、それは私にはどうすることもできません。なので、牧師として祝福することはできませんが、私個人として、お二人の結婚を祝福させていただきます」

私はこのお言葉に、思わず泣きそうになりました。

「牧師先生！　先生というお立場にありながら、そのようなお心遣いをいただき、誠にありがとうございます！　私、絶対に、この結婚はダメだ！　ＮＯだ！　と反対されると思っていました」

すると牧師先生。

「大丈夫ですよ！　なんといっても私は牧師。最後は『イエス』としか、言いません」

いよいよ結婚！　出家！　剃髪！

珍しいのは本当にクリスチャンのほうなのか？

いよいよ結婚することになり、まずはお互いの両親へ挨拶することになりました。大治朗の親は「うちの子が結婚できるとは思えなかった」と驚きながら、あとから大治朗にこっそりと「九つも年下の女の子なんて……騙されてるんちゃうの？」と言ったそうです。でも、ちょっと待ってくださいお義母さん。確かに、イケメンやお金持ちの男性なら「騙されてるんちゃうの？」はあるかもしれませんが、大治朗はイケメンではないし、むしろ頭はハゲかけてるし、お金持ちでもないんデスケド……。なにはともあれ、結婚が許されました。

また、私の両親も大喜びでした。特に母は、「実は、お母さんの初恋の人もクリスチャンで……」と話してくれました。これまた不思議なご縁です。その後、師匠にもご挨拶をし、関係者へも報告をしていきました。その中で、とある知り合いのお坊さんへこのことを話すと、こんなことを言われました。

「ええ？　クリスチャンと結婚するんですか？　クリスチャンとは、また珍しいですね」

「そうですねー！　日本では人口の一パーセントともいわれていますからね」

「でも、なんでクリスチャン？　変わってますねその人！」

この会話のなかで、大治朗は「クリスチャンというマイノリティーな人」という扱いになっていました。しかし、よく考えてもみてください。確かに日本ではクリスチャンだと「ええ!?　なんで？」となりますが、世界へ出ればクリスチャンは三十パーセント以上、それに対し仏教徒は約六パーセントです。

人間は、自分のいるところが世界のすべてだと思ってしまう傾向がありますが、ちょっとものの見方を変えたら、いかに「普通」だとか「大多数」だとかいう概念が無意味なものかよーく分かってきます。日本の中ではクリスチャンはマイノリティーかも知れませんが、世界へ出れば私たち仏教徒のほうがマイノリティーなのです。そんな説明をしたら、このお坊さん、大笑いしながら言ってくれました。

「いやー！　団姫さん、ホンマにそうですわ！　これは一本とられましたね！　だからこそ、お釈迦さまも自分の物差しでものごとを見たらアカンと言われてるのでしょうね！　勉強になりました。でも、それ以前に、団姫さんご夫婦は、今の日本社会において〝信仰がある〟というだけでもよっぽどマイノリティーかもしれませんよ」

「確かに！　友達には変人扱いされますもん。（笑）」

日本の中で「珍しい」ことは、ときに生きにくさを感じることもあります。しかし、イエス様に愛されている大治朗、お釈迦さまに肯定していただいている私は、包み隠さず、自分らしく、私たちらしく生きていこうと自然に思えるようになったのでした。

仏教落語が完成

結婚の準備をしている最中、私は「一隅を照らす」という演題の仏教落語を作ることになりました。練って練って、オチが思いついてからは三日で書き上げました。そして、この台本を最初に見てもらったのが大治朗でした。なぜなら、仏教落語は落語で布教をするわけですから、「なにも知らない人でも分かりやすい、納得できる、勉強になる」ということが大切です。だからこそ、仏教とは関係のないクリスチャンの大治朗に原稿を見てもらうことは大変有意義なことで、以後、仏教落語を作るたびに、大治朗に原稿を見てもらうようになりました。もちろん、はじめて見てもらったときはドキドキしてソワソワしていましたが、大治朗が原稿を読みながらニコッとしてくれると、とても朗らかな気持ちになりました。

「大治朗さんのおかげで、このネタがいけるかどうか、不安な気持ちがおさまりました」

「それは良かったです。団姫さん、だいぶソワソワしてましたけど、落ち着きましたか？」

「はい、落語家なので、オチはつきものです。（笑）」

結婚式は二回やる！

さて、結婚式がやってきました。冒頭に書かせていただいたとおり、結婚式は二回。キリスト教会と比叡山延暦寺でやらせていただきました。しかし、これは決して大治朗がキリスト教会を希望し、私が延暦寺を希望したわけではありません。そう、なんと延暦寺を希望したのは大治朗で、キリスト教会を希望したのは私だったのです。

逆です、逆なんです。でも、なにもこれはミーハーな気持ちでもなく、てきとうな気持ちでもありませんでした。

「宗教の違いは親の違い」――と先に書かせていただきましたが、私たちはこの考えのもと、私は大治朗の親であるイエス様に大治朗のことを大切にしますと誓いたいと思い、そして大治朗も同じく、私の親である仏様に誓いたい、と延暦寺を希望したのでした。

「こんなにも嬉しい気持ちのクロスがあるなんて……！」と、そのときは感動しました。

あ、やっぱりキリスト教だからクロスしたのでしょうか。（笑）

しかし、相談の結果、お互いに遠慮し、譲り合いのようになってしまい、なかなかどちらにするか決まりませんでした。そこで最終的に私から提案したのです。

「もういっそのこと二回やろか！　神田うのさんかて何回もやったはるし！」

……この辺からすでに厚かましい大阪のオバちゃんになりつつあった私ですが、こうして、前代未聞のキリスト教式と仏前式という二回の結婚式が行われることになったのでした。

比叡山宗教サミット——平和の祈りの集い

結婚して最初の夏。私たちは人生で初めて「比叡山宗教サミット」に参加しました。これは、世界中からキリスト教、イスラム教、神道、仏教各派の宗教者や信者が集まり、お互いの信仰を認め合い、みんなで平和を祈るサミットです。式典が進み午後三時。平和の鐘が鳴ると、みんなが一心に平和を祈りました。大治朗と隣合わせで祈ったそのとき、

「ああ、結婚したら一緒に朝夕のお勤めをするという夢は叶わなかったけど、こうやって宗教サミットで一緒に祈ることが出来るなんて……」

言葉にできない喜びで、胸がいっぱいになりました。

新婚旅行から帰宅、丸坊主になる

新婚旅行は、結婚から半年後。某番組で大治朗が見事当てたハワイ旅行へ行くことになりました。ここで、お互いに芸人なので「ハワイでも夫婦公演したいね」ということになりました。しかし、ハワイに知り合いなど一人もいません。そこで思いついたのが「天台宗ハワイ別院」でした。近年、日本仏教は海外布教にも大変力をいれており、天台宗にもハワイ別院があると聞いていました。そこで、ハワイ別院とご縁を繋いでいただけないかと天台宗務庁へお願いしたのです。結果、ハワイ別院での落語会が実現したのです。さらに、ハワイには日本のキリスト教会もあるため、こちらでも公演をさせていただけることになりました。

充実した新婚旅行から帰国した晩、私たち夫婦は自宅へ向かわず、その足で散髪屋へ向かいました。そう、ラブラブな新婚さんだった私たちでしたが、なんと新婚旅行の翌日、私は「得度式」を控えていたのです。得度式は、お坊さんになる儀式。以前より、比叡山からＯＫが出たらすぐに頭を丸め、修行に行かせていただきたいと希望していた私ですが、そのときが、なんともビックリなことにこのタイミングでやってきたのです。二〇一一年の秋。私は髪の毛を捨て、その後、修行へ行くことになりました。そして、世間様からは結婚して間もないのに、旦那を置いて夢のために修行へ行く私に、厳しい意見もありました。

「結婚したばかりで旦那さんを置いて修行へ行くなんて考えられない！　だいたい、子どもは？　修行より、結婚したら子どもでしょ！」と。

しかし、結婚しても、私の人生は私が主役です。どうも、結婚したら、妻は夫に、家庭に、従属するものだと考えている方がいまだにおられるようですが、私はそんなものに縛られるつもりもありませんし、人からとやかく言われる筋合いもありません。でも、「子どもを先に産め！　尼さんになるなんて後回しや！」とあんまりにも沢山の人に言われたため、あるとき一言いってやりました。

「ほっといてください！　私はね、そういうことを言われるのが一番苦痛なんです。だいたいね、私のプロフィール、私の住所、見てください。私はね、今住んでいる町で、自分らしく生きるんです。だから私は、《子ども産むより、アマがサキ！》」

後日、この話を新聞に書いたら、尼崎市長の稲村和美氏から「うまい！」と、お墨付きをいただきました。（笑）

コラム③ 「愛」と「愛欲」

「俺のことを愛しているなら、お前も仏教徒になれ」

以前、夫からこんな言葉を浴びせられた女性からお悩み相談をいただきました。なんでもこの女性、夫は仏教を信仰しているのですが、ご自身は敬虔なクリスチャンだったため、その旨を夫に伝えたそうです。結婚以前はうやむやにされていたそうですが(この時点で信頼できない！)、結婚後、夫は強気になり、

「お前は俺と結婚したんだから、俺の実家の墓に入って当たり前だ。だからお前も仏教徒になれ」

といわれたそうです。

そもそも、信仰心というもの自体、誰かからお願いされたり、まして命令されてどうにかできたりするものではありません。それを、墓の事情や結婚を理由に無理やり変えろと言われては、たまったものではありません。

ここで知っていただきたいのがキリスト教と仏教の「愛」の違いです。

なんと、キリスト教の「愛」と、仏教の「愛」には、全く違う意味があるのです。

現在、我々が「愛」と認識している行いや情はキリスト教の「愛」で、これは仏教では「慈悲」に限りなく近いものです。では、仏教における「愛」とは一体なんなのでしょうか？

実は、仏教での「愛」とは「愛欲」のことであり、修行の妨げとなる「欲」のことをいうのです。

例えばこの夫は「夫婦とは信仰を一緒にしてこそ愛」と思っているようですが、妻に仏教徒になれというこの行いは、信仰を同じくしているわけではなく、妻の気持ちを無視し、信仰を強要していることに他なりません。結婚したら相手の気持ちまでどうにでもできる、できて当たり前、そうするものだというこの夫の気持ちは「愛」ではなく「愛欲」であり、それは精神的なドメスティックバイオレンスともいえるのです。

また、本当に「信仰を一緒にしてこそ愛」と思っているのであれば、この夫がクリスチャンになれば良いだけの話です。でも困ったことに、こういう人に限って、自分が相手に合わせることは嫌いなんですネ。

「愛」とは「相手を大切にし、慈しむ気持ち」だと思いますが、「愛欲」とは「愛という名の仮面をつけた自分本位の欲の行い」です。

相手を束縛したり、強引に自分の思い通りにしようとしたりする人は「愛欲」を「愛」

と勘違いしている典型的なタイプといえるでしょう。

相手を愛してしまったらその人を欲しいと思うのは人間として自然の心の動きでしょうが、「欲しい」という「欲」は捨てなければいけない心です。

キリスト教の愛はプラスの力を持ちますが、仏教の愛欲はマイナスの力を持っています。夫婦円満のために必要なのは、キリスト教の「愛」と、仏教の「慈悲」なのです☆

「あまちゃん」と「クリスチャン」の誕生！

お坊さんになる

二〇一二年の夏、比叡山の修行を終えた私は、正式な天台宗のお坊さんとなりました。当時は「これで夢が叶ったね」といわれることが多くありましたが、あくまでも私は「お坊さんになる」のが目標ではなく、「お坊さんになって、信仰のすばらしさを世間に伝える」のが目標だったので、これでやっと「スタートライン」に立てることになったのです。

お坊さんになってからは、今まで以上に仏教落語に力を入れ、お悩み相談や執筆活動、講演にも行かせていただくようになりました。

落語家に加えお坊さんもする、となると、もちろん体力も使います。そこで、マッサージ屋さんへもこまめに行くようになりました。

あるとき、近所のマッサージ屋さんへはじめて入ったときのことです。マッサージ師さんが私の坊主頭を見て驚きました。そこですぐさま、

「あ、私、尼さんなんですよ」

するとマッサージ師さんが、

「あ、そうなんですか！　どこの海ですか？」

「海？　海というより、山ですね。比叡山です」

「ええ？　山菜も採るんですか？　すいません、僕、尼さんって、海限定やと思ってました」

「……え？　あの、もしかして、海の海女さんと間違えてはりません？」

「ええ？　違うんですか？」

「いえ、ほら、頭見てください。坊主頭でしょ？　私は、女性のお坊さん、尼さんです」

「すいませーん！　僕、ずっと、女性のお坊さんが、海の海女さんも兼業してるのかと思ってました！」

これにはビックリ！　……でも、後日、別の病院でもお医者さんから同じことを言われました。こんな勘違いをされている方がちょいちょいいらっしゃるとは……。しかし、なぜこんな現象が起きるのでしょう？　見当はついていました。そう、なぜならこの頃、NHK朝の連続テレビ小説『あまちゃん』がちょうどはじまったところだったのです。

クリスチャンはクリスチャン同士？

尼さんになってから、旦那がクリスチャンとは面白い！　ということで、テレビやラジオに夫婦で呼んでいただく機会が増えました。番組が放送されると、毎度、大治朗のSNSは「クリスチャンなのに仏教徒と結婚するとは、なんというケシカラン奴だ」と大炎上。どうやら聖書の中に、「クリスチャンはクリスチャン同士の結婚を」とすすめていると読み取れる箇所があるようで、そういったことをもとに大治朗は批判されているようでした。

しかし、友達のクリスチャンにこのことを相談すると、みな口を揃えて言いました。

「そりゃ、クリスチャン同士が一番理想的だけど、だいたい人口の一パーセントしかクリスチャンがいない日本では、ほぼ無理でしょ」

確かに……！　宗教は、聖典に基づき日々実践をしていくものだと思いますが、やはり「現実」をしっかりと見つめることは大切なのだな、と思いました。

それにしても「クリスチャンはクリスチャン同士」というのは、私はイエス様のある種の「親心」ではないかと感じています。

例えば、自分の子どもが結婚をするとき、親は相手が同郷であると、なぜか安心するものです。可愛い我が子にいらぬ苦労をさせたくないという親心は、同じ文化・風習に安堵を覚えるのです。もちろん、全くの異文化で育ってもうまくいく人はいきますし、近所同士で結婚しても合わない人は合わないのですが、同郷でないということは、多少のリスクを感じさせます。だからこそ、よっぽどのことが無い限り、親としては出来る限り同じ文化・風習の相手をすすめるのです。

聖書の教えも、もしかするとそういった意味で「クリスチャンはクリスチャン同士」なのではないでしょうか。クリスチャン同士で結婚することと、異宗教結婚をすることでは、前者のほうが苦労は少ないと思います。しかし、愛は国境を超える、という言葉とともに国際結婚をする方がいるように、私たちも、むしろお互いの信仰、生活、文化を楽しもうではないかという気持ちと期待で結婚をしました。

そして、実際に「あまちゃん」と「クリスチャン」は楽しく生活をしているのです。

そんな私たちに、懇意にさせていただいている牧師先生が教えてくださいました。

「実は聖書の中には、クリスチャンと、ノンクリスチャン（クリスチャンではない人）が結婚した場合、お互いに認め合い、仲良くしている場合は、離婚してはいけない、って書いてあるんですよ！」

離婚してはいけない!?　それは面白い！　でも、なんで？

なぜなら、信者でない夫は妻によって聖《きよ》められており、また、信者でない妻も信者の夫によって聖《きよ》められているからです。そうでなかったら、あなたがたの子どもは汚《けが》れているわけです。ところが、現に聖《きよ》いのです。

（新約聖書「コリント人への手紙一：第七章十四節」）

！！！

これには納得でした。私はクリスチャンではありませんが、いつもクリスチャンの大治朗や大師匠ご一家のおかげできよらかな気持ちになり、笑顔をいただいています。

それに、最後の一文。「そうでなかったら、あなたがたの子どもは汚れているわけです。ところが、現に聖いのです」って！　……宗教とまったく関係ありませんが、この一文、不甲斐ない夫のために犬猿の仲となった「嫁姑」さんに是非、聞いていただきたいですネ。かわいい孫を産んだのはお嫁さんであり、愛する夫を産んだのはお姑さんなのです。

旦那さんはどこの国の人なんですか？

「団姫さんの夫はクリスチャンである」――こんな認識がテレビや新聞によって徐々に広まると、今度は公演先で主催者様からこんなことを聞かれるようになりました。

「お世話になります。露の団姫と申します」

「こちらこそ、今日はよろしくお願いします！　いやー、それにしても団姫さん、ご結婚なさってるんですね！　意外でした！（ハイ、意外でしょうよ）……で、旦那さんは、どこの国の方なんですか？」

「どこの国？」

「ええ、何人ですか？」

「日本人ですが？」

「ええ？　うちのスタッフから、団姫さんの旦那さんは外国人だと聞きましたよ？」

「？？？」

……ぽくぽくぽく、ち～ん！

どうやら、「団姫さんの旦那はクリスチャン、クリスチャンということは外国人」と勝手に連想されていたようです。

「あの、旦那は日本人でクリスチャンなんです」

「え!? 日本人でクリスチャンなんているんですか？」

「いますよ〜！　教会だって、たくさんありますし！」

「教会なんて見たことないですよ！」

「いえ、ホンマにあるんですって！　関心がないとついつい見落としてしまうんですが、沢山ありますよ？」

日本には教会はない、日本人にはクリスチャンはいない、クリスチャンといえば外国人……と、こんな風に思っている方が多いことがよく分かりました。それにしてもこの主催者様。

「本当に、僕、日本にキリスト教会があるなんて知らなかったんですよー！　でも……」

「でも？」

「キリスト教会は知らなくても、上方落語協会は知ってましたけどね！」

そんな小ネタ、いりません。（笑）

コラム④　カトリックとプロテスタント

世界一の信者数を誇るキリスト教。その数は三十パーセント以上といわれ、多くの人々を救い、導いています。さて、そんなキリスト教にもいわゆる「教派」が多々存在します。ここでは、「カトリック」と「プロテスタント」の違いを簡単に見ていきましょう。

〈宗教者をなんと呼ぶ？〉

まずは、宗教者の呼び方です。カトリックでは「神父」、プロテスタントでは「牧師」といいます。また、日本国内の場合、実際にお会いしたときなどの敬称は「神父様」、「牧師先生」とお呼びするのが良いそうです。

〈神父と牧師の違いは？〉

神父と牧師の違いのひとつに「結婚」があります。神父様は結婚はＮＧ、牧師先生は結婚ＯＫです。

〈十字を切るのは？〉

映画などでよく見る「アーメン」と十字を切るシーン。実は、十字を切るのはカトリックで、プロテスタントは十字を切りません。

〈見分け方は？〉

教会には十字架がかかっていますが、十字架にイエス様が磔になっておられるのがカトリックの様式で、プロテスタントでは十字架のみとなっています。

〈マリア様は？〉

イエス様のお母様といえば、聖母マリア。カトリックではマリア様を「崇敬」しますが、プロテスタントはその傾向にありません。

〈懺悔室は？〉

小さな部屋で己の罪を振り返り、神様に赦していただく通称「懺悔室」。正しくは「告解室」や「告解部屋」などと呼ばれます。この懺悔室があるのはカトリックで、無いのはプロテスタントです。また現在では「告解」は「ゆるしの秘跡」と呼ばれるそうです。

〈ミサ？　礼拝？〉

キリスト教ではイエス様が復活された日曜日を「主日」とし、教会で礼拝集会が行われます。この礼拝集会を、カトリックでは「ミサ」といいます。儀式については、カトリックでは「典礼」と呼び、プロテスタントでは「礼拝」と呼びます。

いかがでしたでしょうか？　ちなみに余談ではありますが、キリスト教では「礼拝」は「れいはい」ですが、仏教では「らいはい」と読みます。そして、「懺悔」はキリスト教では「ざんげ」、仏教では「さんげ」です。

仏教とキリスト教での違いはもちろん、カトリックとプロテスタントにも様々な違いがあります。知れば知るほど出てくる違いですが、「なぜ違うのか？」――その違いのなかにこそ、それぞれの奥深い教義があるのですね☆

ふたりの日常

ゴーストライター

ある土曜日の晩、大治朗が一生懸命文章を書いていました。

「何書いてるの？」

「実は明日、『証《あか》し』をするんです」

「えー！　まさかその台本を今書いてるワケ⁉」

「すみません」

ギリギリまで行動しないことが日常茶飯事の大治朗ですが、このときは焦りました。

なぜなら「証し」は、クリスチャンの大治朗にとって、とても大切なことだったからです。

ここで、「証しってなに？」と思われた方！　安心してください。私もはじめて聞いたとき、「え？　あの、タコの有名な？」と、兵庫県の明石《あかし》のことかと思いました。

これは神様が自分にしてくださったことについて証言することで、信者さんが各教会で行うものですが、今回、喋るのが大の苦手な大治朗に、牧師先生がわざわざ声をかけてくださったとのことでした。

そこで大治朗は、喋るのがヘタなりに、まずは台本を書いてみようと思ったのです。

一時間後。大治朗が台本を書けたので見てほしいと言ってきました。早速見てみると、それはそれは不思議な文章でした。


『私は、二〇〇七年に洗礼を受けクリスチャンとなりましたが』

(え、いきなり？　まずは、挨拶のひとこととかないの？)

『それまでは教会と全く無縁の生活をしていました』

(教会で「無縁」使うんや!?　「縁」は仏教用語やけど、いまや常用の日本語やし……どうしよ、やっぱりあとでクリスチャンぽい言い回しに直しておくか)

『私が始めて教会へ行ったのは二〇〇四年の頃でした』

(始めて、じゃなくて、初めて、ね)

『その頃、太神楽曲芸師として入門六年目でしたが、当時は新人の芸人がどんどん出てきた頃で、私の仕事は次第に減っていきました』

（冒頭から悲しい話やな……）

『そのとき、師匠から教えていただいた自分の芸は他に劣らないと思っていたのに、なんであいつらのほうが売れてんねんと感じていました』

（え！　この人でもそんな気持ちになることがあったのね！　意外！）

『その頃は、自分の芸に対する　　　と他人への　　　でいっぱいだった時期でした』

「ちょっと待って、大治朗さん、この空欄の部分、なんなん？」

「自分の気持ちをうまく言葉にできないので、団姫さんに考えてもらおうと思いまして」

「なんでやねん！」

「でも、本当に、そのときは、なんていうか、えーと、あのー、そのー」

「またあのー、そのーかいな！　……それやったらここは、『自分の芸に対する〝おごり〟と、他人への〝嫉妬〟』じゃない？」

「あ、それです！　まさにそれ！」

『その頃、いつも素通りしていた、近所にある八尾のグレース教会へ入ってみたいという気になり、ある日曜日に行ってみると、第一コリントのメッセージを聞くことができました（中略）。私の師匠は、弟子それぞれに、一人ひとつずつ、その人にしかできない看板芸を教えてくださいます。私の場合は体にバネがあるといわれ、「剣の輪くぐり」を伝授していただきましたが、最初は「なぜあの兄弟子にはあの芸で、自分にはこの芸なのか」と嫉妬することがありましたが、神様の愛を受けるようになってはじめて、このような師匠の　　は、まさに、神様のいわれる器官の役割の例えと同じように感じ、今では兄弟子に嫉妬することもなくなりました』

「ちょっと待って？　また、空欄があるねんけど」

「はい、埋めてもらえますか？」

「なんでやねん！　……それなら、『師匠の〝はからい〟は』とか、どお？」

「あ！　じゃあそれでいきます！」

「ちょっと待ってよ……私、明日『月刊住職』の締め切りで、今ギリギリで原稿やってんねんけど！　そもそもなんで尼さんがクリスチャンの〝証し〟のゴーストライターせなあかんねん！」

こんな調子で誤字脱字を直すこと十三か所、空欄を七か所埋めて、翌日、大治朗は意気揚々と教会へ出かけていきました。

前代未聞の証しの台本。はじめはホンマにずっこけそうになる台本でしたが、教会から帰ってきた大治朗の晴れ晴れとした「大成功」の顔を見て、手伝って良かったなと感じたのでした☆

ごはんがなければパンを供えればいいじゃない

「やってもた！」——ある朝、大治朗と思わず声をあげてしまいました。そう、朝のごはんを炊き忘れていたのです。

我が家では、大治朗が食事を作ってくれることがほとんどです。というのも、私の料理は本当に最悪で、自分でも嫌な気持ちになるほど。しかし、大治朗は昔から料理が得意で、特に煮物は絶品。私も料理ができないかわりにできるだけ掃除などをするようにしていますが、それでも家事の負担は大治朗のほうが圧倒的に多いです。

さて、そんな我が家ですから、寝る前にご飯を炊くのも大治朗の役割です。つまり、毎朝お仏壇にお供えする炊き立てのごはんはクリスチャンの大治朗が炊いてくれていることになるのですが……その日は、前日に夫婦揃って地方の仕事で疲れていたため、炊飯器のタイマーをかけずに寝てしまったのでした。

「わっちゃー！　大治朗さん、ごはん炊き忘れてしまったね」

「ホンマですね。仏様のご飯どうしましょう。もう、いっそのことパンにします？」

「いや、イエス様はパンやけど、仏様はご飯でしょ」

「でも、仏様もパン食べたい時あるかもしれませんよ？　ミートスパゲティとか？」

「はい？　今なんて？　……でも確かに『仏教＝ごはん』、『キリスト教＝洋食』みたいな固定観念（？）は良くないかも！　いや、実は私、初めて大師匠と朝食をともにしたときに大師匠がパン食べてはるの見て驚いて、ほな大師匠が『落語家て、世間様から和食やと思われてるけど、ワシ、パンすっきゃねん』て言われてめちゃカルチャーショックやったもん!!」

「ということは、名人もパン食べてはるんです。だから仏様もパンでいいのでは？　あ、でも大師匠はクリスチャンなのでパンだったんですかね？」

「なんでやねん！　話が余計ややこしい！」

「聖書によると、イエス様は五千人もの人にパンと魚を分け与えられました」

「いや、おたくはそうかも知らんけど、仏教の精進料理では魚は〝生臭もん〟やねんけど……。それに、お釈迦さまのお父さんは浄飯王《じょうぼんのう》というお名前やから、仏さまはやっぱりお米とご縁が深いねん！　だからやっぱりごはんでは……？」

朝からナントモ疲れる会話。

「ごはんがなければパンを供えればいいじゃない」

こんな教えが聖書かお経にあれば、楽なのに。（笑）

お酒をいただくときは？


仏教もキリスト教も、気になるのが「お酒」です。

「クリスチャンの彼女をデートに誘うとき、お酒を頼むのは非常識？」

「法事の後、ご住職にお酒をすすめても大丈夫？」

真面目な人なら悩んでしまうでしょう。

「お酒」――それは、百薬の長とも呼ばれる一方、命を削る鉋《かんな》ともいわれます。

また、なにより問題なのが「酒癖」。どれだけ仕事ができても、どれだけ人格者といわれていても、酒癖の悪さは築き上げた信頼を一瞬でなくしてしまいます。

キリスト教では、聖書においてお酒についての記述がいろいろとあるため一概には言えないそうですが、私の知り合いのクリスチャンの方々は、「酔うほど飲まなければ多少は良いのでは」という意見の方が多いように思います。

大治朗も同じで、多量飲酒はしませんが、家では嗜む程度、お客様との打ち上げではほどほどにいただいて、お酒と良いお付き合いをしています。

ちなみに自宅で赤ワインを飲むときは、わざわざ私に「これは、キリストの血です」と「どや顔」で言ってきて（聖書では、パンはイエス様の体で、ワインはイエス様の血といわれています）、「団姫さんも般若湯《はんにゃとう》どうですか？」とすすめてくるのですが、実はこの「般若湯」という言い方も、最近では「死語」になりつつあるようです。

その証拠に、今の若い方は「般若湯」を知りません。念のため記しておきますが、これはお坊さんの飲むお酒を指す隠語で、それこそ落語の中でしか聞けないような言葉です。

では、お坊さんがお酒を飲むことは許されることなのか、ここで仏教の代表的な教え「五《ご》戒《かい》」を見てみましょう。

①不殺生《ふせっしょう》……殺してはいけない
②不偸盗《ふちゅうとう》……盗んではいけない

③不邪淫《ふじゃいん》……男女の道を外してはならない
④不妄語《ふもうご》……嘘をついてはいけない
⑤不飲酒《ふおんじゅ》……お酒を飲んではいけない

とてもシンプルな教えですが、実は「お酒をのんではいけない」の順番が一番最後であることに意味があるといわれています。

というのも、人間には大なり小なり理性というものがありますが、お酒に酔ってしまうと、その理性のタガが外れてしまうことがあるのです。そうなると、①〜④の戒めを犯しやすい心理状態になってしまうので、そうならないためにも、原因ともなりうるお酒を飲んではいけません、といわれているのです。ということは、「己を律することが出来なくなるほど飲んではいけない」＝「酔うほど飲まなければ良い」ということにもなりますから、クリスチャンの知人たちが言う「飲んでもいいけど酔ってはいけない」という見方もできる、ということですね。

いずれにしても解釈の仕方によりますが、お酒については「絶対に一滴もダメ」と堅苦しく考えるのではなく、時と場合に応じて、ほどほどにすれば良いのではないでしょうか。

ちなみに、この考え方は決してお酒を飲むことを全面的に肯定しているわけではないの

で、そこのところはひとつ、「五戒」なだけに「誤解」しないでくださいネ☆

クリスマスはどう過ごす?

「クリスマス」——それは、イエス様がこの世にお生まれになったことをお祝いする聖なる日です。

クリスチャンの方はもちろん、日本では信仰のない人にとっても特別な日となっており、個人的には、お世話になっている京都の日蓮宗僧侶・杉若恵亮師(『ぶっちゃけ寺』で一番笑いを取っていた元祖・ぶっちゃけお坊さん)の誕生日(十二月二十四日のクリスマス・イブ)でもあります。お坊さんでクリスマス生まれとは! オーマイブッダ。(笑)

さて、そんなクリスマスですが、我が家では毎年過ごし方が決まっています。

まず、昼間は夫婦別行動。大治朗は教会の礼拝へ行き、私はお悩み相談会などを開催することにしています。なぜこの日にわざわざお悩み相談会を開催するのかというと、実はクリスマスは世界的に自殺者が多い日ともいわれているからです。

私ははじめて「クリスマスは自殺者が多い」という話を知ったとき、新婚旅行でのことを思い出しました。実は、新婚旅行でハワイに行った際、ハワイの牧師先生から「ハワイでは自殺者は少ないけれど、ハワイに遊びにきた日本人が自殺をすることが多い」とお聞きしたのです。なんでも、ハワイの幸せな雰囲気が、精神的に追い込まれている人の孤独感や悲壮感を逆に強めてしまうのではないかということでした。

クリスマスも、大切な家族や恋人と過ごすあたたかい時間ですが、悲しいことにハワイで日本人が自殺をしてしまうのと同じような理由で自ら命を絶ってしまう方が少なくないそうです。そこで、クリスマスはお悩み相談会を開催し、少しでも苦しい方の居場所を作るようにしています。

夜は、家族で食事です。ケーキを買ってきて、ワインで乾杯。料理はというと、私はなるべくお肉を食べないようにしているため、チキンは無しです。

ちなみに、大治朗はプロテスタントですが、ローマ教皇のファンでもあるため（私もお坊さんですが、世界の宗教指導者として尊敬しています）、こんな日はスマホで法王のメッセージをチェックしたりなんかしながら、ゆるりと過ごします。昨年は、私が大治朗に、

「ローマ法王のお考えは本当に素晴らしいね、ほら、このメッセージ、見た？」

といったところ、大治朗、ほろ酔いだったのでしょうか、

「ほ〜お〜」

……家の中が凍り付きました。

それにしても、大治朗は毎年本当に嬉しそうにクリスマスを過ごしていますが、私にとってのクリスマスは、イエス様に感謝する日です。

なぜなら、イエス様がおられたからこそ、大治朗もイエス様によって罪を贖われ、生かされているわけです。イエス様なしでは大治朗はずっと迷える子羊のままでした。だからこそ、私も大治朗とともに生きる一人の人間として、毎年クリスマスの夜になると、イエス様に感謝をしているのです。

来世は一緒？

「お二人は、来世も一緒ですか⁉」

夫婦で公演に行くと、お客様から必ずといっていいほどこんな質問をいただきます。

答えは二人そろって、

「いいえ！」

こんなことを言うとお客様はドン引きですが、これは嘘ではありません。なぜなら私たちは同じ場所には生まれ変わらないからです。

キリスト教では、基本的に死後、天国へ行くといわれています。だから、人間としてこの世へもう一度やってくることはないといいます。

一方、仏教では「六道輪廻」という生まれ変わりの思想がありますが、これはあくまでも「迷いの世界」のことで、迷っている人が、死後、「天界」「人間界」「修羅界」「畜生界」「餓鬼界」「地獄界」のいずれかへ行くことを指しています。

ここで「ちょっと待って！　他はとにかく、天界はいいとこなんでしょ？」と思われた方、良いところに注目していただきました。実は、天界は苦しみがほとんどない世界なので、「天国」のようなイメージをお持ちの方が多いのですが、キリスト教の天国と、仏教の六道の天界は全く違う場所なのです。

なぜなら、天界は苦しみがほとんどないからこそ、魂が危機感を感じることなく、結果、仏様を求める気持ちが起こらない恐ろしい世界です。つまり、幸せだと勘違いしてしまう「ぬるま湯」に浸かっているようなものなのですね。

そうなると、人間界は最高です。なぜなら、悩み苦しみがあるからこそ「どうにかしたい、誰か助けてください！」という気持ちが起こるため、仏様とのご縁をいただけるチャンスがあります。そして、仏様とご縁をいただき、もう迷わない魂となれば、死後、浄土へと往生できるのです。

このように、キリスト教徒は天国へ行き、仏教徒は浄土へと行くわけですから、私たちに「来世も一緒♡」はありません。だからこそ、一瞬一瞬をお互いに大切にしたいと日々感じています。

……と、ごちゃごちゃそれらしいこと言ってはいますが、人生の先輩方を見ていると、我々もその頃にはお互い顔も見たくないような関係になっているかもしれません。

なーんて、嘘、嘘。原稿をのぞき見していた大治朗に、ちょっとキツイシャレをかましてあげました。(笑)

お墓はどうするの？

さあさあ、結婚式は教会と延暦寺で行った我々夫婦ですが、お墓はどうしたら良いのでしょうか？　実は、結婚当初から、いわゆる「夫婦墓」に入ろう、と話をしてきました。

これは、先祖代々の墓とは別に、夫婦二人で入るタイプのお墓で、最近では、四人で入れる家族墓なども存在するといいます。そもそも、先祖代々の墓という制度がはじまったのは仏教の長い歴史を見てみるとつい最近のことのようで、それこそ昔は「お墓」というと、王様や貴族にしか許されないものだったそうです。だから、絶対に先祖代々の墓に入らねばならないとガチガチになって考えることはなく、それぞれの夫婦や家族にあったスタイルのお墓にしたら良いのではないでしょうか。

また、残された人たちにとって大切なのは、「先祖代々の墓」だとか「夫婦墓」だという「形」ではなく、「故人を想う気持ち」です。

いずれにしても、お墓についての話し合いは、生きることに向き合うことでもありますし、昔から、お墓のことをしっかりと考えておくと長生きをするというゲン担ぎも存在しますので、ちょっとでも気になる方は、是非この機会に一度考えてみてください♪

コラム⑤　宗教と食べ物

「宗教と食」――これは、古来より切っても切れない関係だといわれています。

まずは仏教の食についてです。「お寺といえば精進料理」というイメージですが、現代のお坊さんはほとんどの人がお肉を食べています。私は普段自宅ではほとんどお肉を食べないようにしていますが、仕事先で出された食事にお肉が入っている場合はいただくしかありません。このように、現代社会で生活をしていると、よっぽどでない限り完全な精進生活を送ることはできないのです。では、お坊さんとお肉の関係についてどう解釈したら良いのでしょうか？　そこでご紹介したいのが「三種の浄肉」です。これは、お坊さんが食べても問題がないとされるお肉の種類です。具体的には、

① 殺されるところを直接見ていないもの
② 自分のために殺されたと聞いていないもの
③ 自分のために殺されたのではないと思われるもの

以上の条件を満たしているお肉をいいます。

例えば、家族でファミレスへ行き、息子がハンバーグを食べ残してしまった場合、私が

これを食べても問題はありません。むしろここで大切なのは、食べられるために殺された命を無駄にしないために、残さないようにする、ということなのです。

では反対に「NGな場合」とは……？　あれは、妊娠中のことでした。知り合いの養鶏業の方が「今度会うとき、まるちゃんのためにニワトリ一羽つぶしていくわ！」と言われました。お気持ちは大変ありがたかったのですが、これは「自分のために殺されている」ため、三種の浄肉にはならないのです。お坊さんとお肉の関係は、なかなかフクザツなのですね。

他の宗教はどうでしょうか？　実は、キリスト教には食事に関しての戒律はあまりないといわれています。しかし、イスラム教ではイスラム法上、合法なものを「ハラール」といい、食事にも適用されており、豚は不浄の生き物とされるため食べることを禁じられていますし、ヒンドゥー教では牛は神聖な生き物なので食しません。理由はさまざまなのです。ちなみにユダヤ教では「カシュルート」という食事規定が設けられていますが、これは「食べて良いもの、いけないもの」をはじめ、「一緒に食べてはいけない組み合わせ」に関する規律です。代表的なものを見てみると、旧約聖書の中に「小ヤギをその母の乳で煮てはならない」とあることから、乳製品とお肉の組み合わせは禁止！　とされています。……ということは!?　なんと！　ユダヤ教では「チーズバーガー」は食べられないということなのです。実際にユダヤ圏のマクドナルドではチーズバーガーの販売はされていません。郷に入っては郷に従えといいますが、先日、私の知人はユダヤ圏へ旅行した際、どうしてもチーズバーガーを食べたくなったので、部屋でこっそりチーズとハンバーグをパンに挟み、サンドにして食べたのだそうです。

「団姫さん、私は仏教徒やけど、ユダヤ圏でチーズバーガー食べて仏さんは怒らへんやろか？」

大丈夫大丈夫！　だって昔から言うでしょう？

「仏の顔も、サンドまで」

「主人」ではなく「旦那」

主は誰？

結婚すると、世間様から大治朗のことを「ご主人」といわれるようになりました。これはある意味「普通」のことで「当たり前」のことかも知れませんが、私はこの「主人」という言葉を聞くと大変不愉快な気持ちになります。なぜならぶっちゃけた話、私は昔から「主人」という言葉が嫌いなのです。だって、大治朗はあくまでも私のパートナーであり、「主」ではありません。従属していません。だから、我々夫婦は「主人」という言葉を使わず、家庭内では「大治朗さん」、「団姫さん」、外では「妻」、「夫」と呼ぶようにしています。

また、こういうことを言うと、「では、お宅では妻である団姫さんが主人なんですか？」という質問をしてくる人がたまにおられますが、それも違います。

なぜなら私の魂の主は「仏」であり、大治朗の主はその呼び名のとおり「主　イエス・

キリスト」なのです。

　では、「旦那」という言葉はどうでしょうか？

　実はこれはもともと仏教用語で、仏教発祥の地であるインドの古い言葉、サンスクリット語の「ダーナ」に由来します。いわれてみれば「だーな」と「だんな」、よく似ていますね。

　「ダーナ」はこの「旦那」という言葉以外に、もう一つ、違う日本語に姿を変えました。それが、「檀家」です。檀家といえば、お寺の檀家さんですが、考えてもみてください。お寺と檀家さんの関係は常に「支え合い」の関係です。私も大治朗とはお互いに支え合いの関係ですから、「主人」は嫌でも、「ダーナ」からできた「旦那」はアリ！　と考えています。

　ちなみにこの話、先日、とある講演会でクイズとして「では、ダーナからできた旦那以外のもう一つの言葉は一体なんでしょうか？」と出題したところ、とっても素敵な七十代の女性が勢いよく「ハイッ」と手を挙げられました。その自信に満ちた眼差しに、「あ、この方はおそらく仏教に精通していらっしゃる方で、きっと正解をご存知やな」と感じました。

　「では、ダーナからできたもう一つの日本語……正解は？」

「ハイ！　正解は……ダーリン!?」

これには会場も大爆笑。結果は不正解でしたが、心の中がハナマルになる、素敵な回答でした♡

パートナーの発達障害

さて、そんな「旦那」と結婚した私も、順風満帆ではありませんでした。はたから見れば、優しくて、家事もしてくれる、穏やかな良き夫だと思います。もちろん、暴力などふるいませんし、借金もありません。しかし、どんな人間も、夫婦も、やはりそれなりの苦労はあるものです。でも、そのように悩み苦しむからこそ人間は救いを求め、神様や仏様という存在に出会えるのだと思います。

では、私たちを苦しめたものとはなんだったのでしょうか？

大治朗と付き合いはじめた頃、「この人、マイペースだな」「ちょっと不思議な人だな」と思うことがよくありました。でも、それもむしろ大治朗の好きな部分のひとつで、不都合を感じることはありませんでした。

しかし、結婚して一緒に生活をし、仕事をするようになると、「これはただごとではない」と気が付いたのです。空気を読めない、段取りが分からない、コミュニケーションが苦手、こだわりが強い……それは、大治朗の信頼をなくし、仕事を減らし、結婚した私の人間関係まで崩壊させていく恐ろしい「障害」だったのです。

発達障害

「発達障害ではないか？」――あるとき、「干されかけている」大治朗を心配した大治朗の姉弟子・ラッキー舞師匠が言われました。

早速、発達障害の本をひらき、インターネットで検索すると、「これ、そのまんま大治朗やん！　むしろ、大治朗って、ザ・発達障害やん！」と思いました。

例えば、これは結婚してすぐのことです。

ある日、大治朗は私の代わりに銀行へ預金をおろしに行ってくれました。すると、大治朗から電話がかかってきました。

「団姫さん、ごめんなさい、暗証番号なんでしたっけ？」

「ええ？　行く前に伝えたやん！」

大治朗は芸事以外、ことごとく数字や漢字が苦手です。仕方がないので小声で言いました。

「ほら、四桁の、〇〇〇〇」

すると大治朗は、そのとき焦っていたのか、いつも私に言われていたことを思い出し、実行に移したのです。

「大治朗さんはなんでもよく忘れがちだから、師匠や先輩から言われたことはすぐにメモして、メモできなければ、大きな声でしっかりと復唱して、必ず相手に確認してね」

大治朗はこれを日頃なかなか実践できずにいました。しかし、このときに限って……ああ、思い出したくもありません。

「ハイ！　団姫さん！　暗証番号は、〇〇〇〇！　〇〇〇〇で、間違いないですね！」

即日、暗証番号を変えるはめになりました。「こんなことやったら、忙しくてもはじめから自分で行けば良かった。大治朗に頼むと、いつも二度手間、三度手間や……」と後悔しました。

そうそう、電話といえば、もうひとつあります。

あれは、大治朗の電話の応対が悪いと感じていた頃でした。お仕事の電話をいただいてもハキハキと嬉しそうな声を出さない大治朗にいら立ちを覚えていました。そもそも、電話の取り方からして最悪でした。電話がくると、なぜか暗い声で「ハイ……あ、はい」とぼそぼそと答えます。これでは先方も気分が悪いでしょう。そこで、私は父親が社員教育の仕事をしていた関係から、父にアドバイスをもらい、大治朗の電話応対を徹底的に良くしようとつとめました。

そして大治朗は百点満点とはいえませんが、合格点と思われる程度の電話応対を身に付け、電話がくると、

「ハイ！　豊来家大治朗です」

「お電話、ありがとうございます！」

「お世話になっております。団姫はただいま運転中で、私は夫の大治朗と申します」

と答えられるようになりました。

そんなある晩のこと。深夜零時頃に、私の携帯電話が鳴りました。知らない電話番号です。これはたまにあるのですが、どこからか私の携帯番号が流出し、いたずら電話がかか

ってくることがあります。時間からしても、間違いないでしょう。以前、同じような電話がきた際に思わず出てしまい「もしもし」と言っただけで「うわ！　やっぱり！　本人でた！」と言われたことを思い出し、私が出てもマズイ、なら、男性の声であれば……と思い、すぐに大治朗に目配せし、携帯を渡したのです。すると十秒後、本当に後悔しました。

「ハイ！　露の団姫の携帯電話です！」

エー!?　いやいや、そこは「もしもし？　どちらさまですか？」で、ええねん!!　マニュアル通りのことしかできない大治朗に、「臨機応変」を求めることを諦めた日でした。

会社をやめた理由

「大治朗さん、本当に悪いけど、あなた、芸人になる前は一応会社員やってたこともあるんやんね？　よくそんな感じで仕事できてたよね……だいたい、あなたを使ってくれる会社もすごいけど、そんなありがたい会社、なんでやめたん？」

結構、失礼な話ですが、もう本当にこの頃には笑えるエピソードから笑えないエピソードまでありすぎて、ストレートにこんな言い方で大治朗に聞いてしまいました。すると大治朗は淡々と答えました。

「はい、会社は芸人になる前にやめました」

「いや、それは分かってるねんけど、なんで会社やめたん？」

「はい、会社はやめました」

「だから、なんで？　って。その、り・ゆ・う！」

日常的にあるこういった会話のループ。私の苦労、分かっていただけますか？

「ある日、会社の前に子猫が捨てられていたんです」

「猫？　ああ、あなた、猫好きですよね」

「はい。で、そのとき社員寮に住んでたんですけど、飼いたいっていったら会社から怒られまして」

「そりゃ、ルールは守らなあかんもんね」

「それでも飼います！　って言ったら、上司から言われたんです」

「あなたにしてはエライ強気やね。で、なんて？」

「ええ加減にせえ、猫飼うか、会社やめるか、どっちかにせえ！　って」

「そらそうや」

「で、会社やめました」

おいおいおいおい！

このこだわりの強さ、やはりどこか変なのでは？　普段は柔軟な性格なのに、妙なとこ頑固やし……。そして、大治朗はドヤ顔でいいました。

「猫拾って、会社捨てました」

ごめん、世間ではそれを「クビになった」というねん。

離婚したい

発達障害であることを確信した私は、大治朗を専門の病院へ連れて行きました。そして診断がくだり、投薬治療がはじまったのです。

では、そもそも発達障害とは、どういうものなのでしょうか？

最近テレビでもよく耳にする「発達障害」は、あくまでもさまざまな症状をひとくくりにした言葉であり、また人によってその程度が違うため一概には言えませんが、大治朗は発達障害の中でも「ＡＤＨＤ」という障害だと診断されました。これは「注意欠如多動性障害」というもので、集中力がなかったり、人の話を聞けなかったり、それを理解できなかったり……また、自分の思いをうまく言葉にできない、言葉をオブラートに包めない、よって人付き合いがうまく出来ないなど、さまざまな症状があります。

原因は、今のところ脳内の分泌物質のはたらきの停滞などが考えられています。投薬治療にはこの分泌物を促す作用があり、効果を得られると社会生活をだいぶスムーズに送れるようになる、という仕組みです。

結局のところ、分かりやすく言ってしまえば「発達障害」の人は「社会性が無い」という表現が近いかも知れません。ただ、その社会性の無さは性格ではなく脳の障害のため起こっているものであるにも関わらず、家族や医師でないとその見分け、つまり「性格」なのか「障害」なのかの判断が難しいため、発達障害を抱える人は対人関係で誤解を受けることが多く、会社だと「クビ」、夫婦関係では「離婚」を経験する人が非常に多いとのことでした。

この説明を医師から聞いたとき、私は心に決めました。

「足のない人に走れとはいわない。ならば、目に見えなくても大治朗の障害を理解しなければ。無理を言ってはいけない」

しかし、それはそう一筋縄でいくような簡単なものではなかったのです。投薬治療がはじまった大治朗は、以前よりだいぶ社会性がでてきました。しかし、本人は自分が発達障害であることを認めたくない、というか、そもそも相手の表情を読み取るのが苦手なので、自分がしくじっていることに自覚がないようで、進んで改善への努力をしませんでした。私は、そんな姿が嫌で嫌で仕方がありませんでした。

そしてそのうちに、私は大治朗の行動一つ一つを鬼のように注意し、大治朗の尻ぬぐいに奔走するようになりました。そして、あるとき大治朗が発達障害と知る後輩から言われたのです。

「姉さんは大治朗兄さんのお母さんじゃないんですから」

ああ、そうだな、と思いました。そして、悲しくなりました。本当は、年上の大治朗に頼って甘えたいのに、なんで私は彼のお母さんみたいになってしまったんだろう、と。

このままでは、誰も幸せにならない。家庭内はもちろん、仕事にだって悪影響を及ぼす。

「離婚したい」

ただ、そう思うようになりました。

離婚できない

大治朗と離婚したいと思ったとき、私の心の中には二つの葛藤がありました。

一つは、師匠。芸人同士で結婚し、なおかつ大治朗の師匠は私の師匠の大先輩です。

「師匠になんていえばいいんだろう……」

悩みました。しかし、親友の桂ぽんぽ娘さんは言ってくれました。

「お姉さん、師匠は父親みたいなものですよ！　団四郎師匠、絶対に分かってくれますよ！　お姉さんが幸せになることが師匠にとっても嬉しいことなんですから、大丈夫ですよ！」

おかげで、師匠には正直にお話ししてみようという気になれました。

「ぽんぽ娘さん、ありがとう。でも、師匠のこと以外にもうひとつ、大きな壁があるねん」

私は、自分が宗教を好きになった頃から、ずっとずっと「いろいろな宗教の人がみんなお互いを認め合って、みんな違ってみんないいになれば良いのに」と思ってきました。それが、なんのご縁か……いえ、キリスト教的に言えば「お導き」か……クリスチャンの大治朗と結婚し、そのおかげで私の「他の宗教を認め合おう」という主張が説得力を持つようになったのでした。しかし、これがもし離婚したらどうでしょう。宗教のことでモメたことは一度もなく、理由は発達障害なのに、なにも知らない世間様は絶対に「結局、仏教とキリスト教では無理だった」というでしょう。どれだけ否定しても、事実、クリスチャンと離婚したら、この主張はまかり通らないと感じました。そうなってしまうと、私が人生でやりたいことは一体どうなってしまうのか。そう考えると震えました。このことを泣きながらぽんぽ娘さんに話すと、百戦錬磨のピンク落語家・桂ぽんぽ娘さんはトンデモない提案をしたのです。

「お姉さん、大丈夫ですよ！　大治朗兄さんと離婚して、それから新しい彼氏作ってメロメロにして、相手からプロポーズされたら『私のためにクリスチャンになって！』って言えばいいんですよ！　そしたら、お姉さんの主張は今までどおりばっちりです！」

んなあほな！　そんなんでクリスチャンになるような人、いややわ。（笑）

かくて、私は大治朗と離婚したいながらも離婚できない「苦行の日々」を送ることになったのでした。

私の修行の場

苦行か、修行か

仏教の開祖、お釈迦さまは言われました。

「苦行では悟りをひらくことはできない」

そこで私は、大治朗との結婚は「苦行」か「修行」か見極める必要があると考えました。

そこで思い出したのが「止観《しかん》」です。

これは仏教の修行、瞑想法のひとつで、文字通り、「止めて」「観る」ことをいいます。

例えば、魚の水槽があるとします。ゆらゆらと揺さぶると中が濁って、どこに魚がいて、藻があって、砂利や土があるのか分かりません。しかし、じーっと待って、これを止めて観ると、その中身がクリアに見えてきます。人間の心もこれと同じです。心の中がグチャグチャになっていると何がどうして苦しいのかワケが分からなくなります。だからこそ、一度冷静になって、問題をひとつひとつ見分ける必要があるのです。そこで私はメモ帳に大治朗への気持ちをひとつずつ書き出してみました。

「なんで発達障害なの」、「発達障害さえなかったら」、「基本的には何の悪気もない良い人だ」、「努力しない姿が嫌い」、「仕事に対する危機感がないのか」、「嫌だけど憎くはない」、「私のことを愛していないんだろうな」、「この関係を続けて良いことはあるのか」……書き出すたびに「でも、発達障害は大治朗のせいじゃない」「人生に『もしも』はない」「努力の仕方が分からないのも発達障害のひとつかも?」などと、考えてみました。

ここでふと、「諸法実相《しょほうじっそう》」の教えを思い出しました。

仏教では、物事には「因」と「果」がある、と説かれています。これは「何かの原因によって、何かが変わる」ということですから、人間関係に置き換えると「自分が変われば相手が変わる」ということになります。そしてこれは逆説的にみれば「相手を変えることは難しい」ということにもなります。

「人を変えることは難しい。まずは、自分が変わりましょう」

このとき、私のなかでは「大治朗がクリスチャンであるせいで離婚できない問題」が解決されていませんでした(大治朗いわく、このおかげで当時の離婚危機を乗り越えられたので、心底イエス様に感謝しているようです。こんな調子の良いクリスチャンがいても良いのでしょうか!)。結果、急いで離婚することもできなかったので、仏教徒として苦行か修行か見極めるためにもとりあえず「自分が変わる」をやってみようと思いました。

しかしその一方で、頑固な私は「やはり、大治朗が変わるには大治朗自身が変わるしかない」とも思い込んでいたのです。

そんなあるとき、私は新幹線の中で思いがけない出来事に遭遇しました。

グリーン車での出来事

あるとき、原稿の締め切りが迫っていた私は、新大阪駅から東京駅まで新幹線のグリーン車を利用しました。すると外国人の親子が乗ってきて、大声でワイワイやりだしたのです。

まわりのサラリーマンは迷惑顔。私も原稿に集中するためにわざわざグリーン車に乗ったのに、勘弁してよと思いました。二、三度車掌さんに注意してもらいましたが、全く静かになりません。私も気になって原稿に身が入らなかったため、車掌さんが訪れたときにお願いしました。「すいません。どうしても仕事せなアカンので、席替えてもらえますか？」

するとと近くに座っていたサラリーマンが激高しました。「おい車掌！　なんでその尼さんが席替わらなあかんねん！　この外国人親子をどっかにやれや！」サラリーマンの言うことはごもっともです。私もできればそうして欲しいところでしたが、車掌さんは外国人親子に席を移動させることはできないそうで、しかも、言葉も文化も通じません。

さあ、そんなことを言っている間にも、新大阪から東京間は二時間半と決まっています。リミットのあるこの時間を自分がいかに良い時間にするかと考えたとき、私は自分が席を移動したほうが早いし、そうしないと「原稿をあげる」という目的が達成できないことは分かり切っていました。その後、私は移動し、サラリーマンは「俺は席うつらへんからな！」と車掌と外国人親子にどなりました。しかし、外国人親子は気にせず大声で話し続けました。

東京駅に到着したときです。私はギリギリセーフで原稿をあげました。そして、件のサラリーマンはというと、東京駅まで怒り続けていたため、どっと疲れ切っていたのでした。結果、外国人親子の席は替えられませんでしたが、私は多少不本意でも自分が席を替わったおかげで原稿をあげることができたので、替わって正解だったと思いました。そして「あのサラリーマンも、意固地にならず諦めてサッと替わったら良かったのに、お気の毒」

と思ったのです。

このとき、ふと大治朗のことを考えました。

「こちらの想いがなかなか通じない外国人親子」って、まるで私の話を全く理解してくれない大治朗みたい！　……え？　でももしこの「想いが通じない外国人親子」が「大治朗の発達障害」だとしたら……「席を動かず疲れ切った顔をしているあのサラリーマン」は「頑固な私の心」だ……！

このままでは不幸になる。やはり、私が変わろう、仏様は、だからあなたが変わりなさいと言っておられるのだ、と思いました。

じゃあ、自分が変わろう

今まで、大治朗を動かそう、変えようと必死になっていた私は、その日から性根を入れて自分が変わろうと思いました。当初は、大治朗の社会性の無さを「世間にバレてはいけない」と必死に隠していましたが、それよりも、「生きにくさ」を誰よりも感じているのは大治朗自身なので、パートナーである私は、大治朗が「生きやすい」環境づくりに努めてみようと思いました。

まずはブログに、「大治朗が今日はこんなボケをかましてきました」と、先述のようなエピソードを載せてみました。「ドン引きされないかな？」と思いましたが、笑いを交えて書いたことが良かったのか、反応は上々。コメント欄には「大治朗さんらしくて、なんかいい！」「ほのぼのとする！」という意見が寄せられました。それからことあるごとに、発達障害の中でも比較的受け入れてもらいやすい、なんだか憎めないような小ネタをブログに載せていきました。すると不思議なことに、大治朗も自分が人気者になったと勘違い（！）したのか「世間に受け入れられている」という自信を持てるようになり、発達障害という言葉に甘えたり、あぐらをかかず、前向きに障害に向き合い、努力するようになりました。

あるとき、大治朗はとある講演会で「私は発達障害です」と告白しました。同日ブログでもそれをカミングアウトしたところ、多くの応援のメッセージが届きました。「まるちゃんのブログを読んでて、そうちゃうかと思ってた。（笑）でも、大丈夫や！」とか「発達障害ってよく分からないけど、もう、そういうとぼけたところも私の中では大治朗さんなので、全然アリです！」といったありがたい声をいただきました。発達障害を隠すのではなく、ありのままの大治朗を愛してもらえる土台作りをしてきた私も報われた思いで、気がつけば「苦行」か「修行」か、など忘れていました。そして、カウンセラーをしている母から「団姫、大治朗さんも大人になったけど、あんたも大人になったよ」と言われ、思わず涙がこぼれてしまいました。その頃には、大治朗への嫌な気持ちも消えていて、むしろ「こんなに危なっかしい大治朗でも生かされている」と思うと、その背後にはイエス様の存在を感じずにはいられませんでした。

イエス様に愛されている、朗らかな大治朗のことが、愛おしくなっていました。

発達障害を持つ大治朗と暮らすことは、今でもとても大変だと感じることがあります。しかし、頑固な私に「発達障害を持つ夫」を遣わした仏様はやはりすごい方です。発達障害をもってして、私に「変えられないものは変えられない、だからあなたが変わるしかない」と教えてくださったのです。

だから、大治朗との結婚は「苦行」ではありません。私にとって、「最高の修行」なのだと今では確信を持てるようになりました。

「ねえねえ大治朗さん！　今、あの頃のことをこうやって原稿に書いたんやけど、どう思う？」

隣にいる大治朗は答えました。

「はい、僕にとっては団姫さんとの結婚は、神様からの『試練』です」

なんでやねん！　……おっと、仏教は「怒りを捨てなさい」でしたネ！

KYです

「愛の反対は無関心」――マザーテレサの有名な言葉です。

大治朗に対して、「好き」からの「結婚」、「嫌い」という気持ちを乗り越えての「愛」を感じはじめていた私は、マザーテレサの言われるように、以前よりも大治朗に良い意味で関心を持つようになりました。そう、今までは大治朗が失敗しないか「監視」するような生活でしたが、失敗を「楽しむ」スタイルに変わりつつあったのです。

ある晩のことです。お風呂に入っていると、リビングから大治朗の携帯が鳴っているのが聞こえてきました。大治朗はキッチンでお料理中。少しして「はい！　豊来家大治朗です！　はい、はい！　あ、プロフィールですか？」と聞こえてきたので、「やった！　仕事の電話や♪」と思いました。

「生年月日は、一九七八年の……あ、昭和ですか？　昭和だと……えーと」

ホンマにビックリですが、大治朗はクリスチャンだからか、普段、西暦でばかり書類を書いたり喋ったりしているので、昭和がパッと出てきません。反対に、仏教関係では西暦はあまり使われないため、私は昭和や平成に強くても西暦でパッと答えられないときがあります。

そして、話題はメールアドレスに。

「では、一度私のメールアドレスに送っていただけますでしょうか？　はい、では、申し上げます。メールアドレスは、キョクゲイドウ、アットマーク……え？　あ、なんだか、電波が悪いですね……はい、はい、キョクゲイ、です、はい、ケー、ワイ、オーです。え？　はい、だから、ケー、ワイです。ケー、ワイです」

「空気読めない大治朗」のメアドが、まさかの「ＫＹ」とは。(笑)

思わずお風呂で吹き出してしまいました。こんなことも、今では全部、高座やブログでのネタ。大治朗に、そして発達障害に関心を持って、笑いながら共存しています。

コラム⑥　発達障害と楽しく暮らす♡七箇条

職場や学校、ご近所さんや家族……と、あなたのまわりにもいるかもしれない発達障害の人。どうすれば共にイキイキと生きることができるのか？　ここでは私が日常生活の中で実践している「発達障害の当事者と楽しく暮らすための七箇条」をご紹介いたします☆

①「諦める」のではなく「あきらかにする」

仏教ではお経のなかに多くの「諦」という漢字が出てきますが、これは、物事を「あきらめる」のではなく「あきらかにする」という意味です。「この人は発達障害だからなにを言ってもしょうがない」と諦めるのではなく、その特性を「あきらかに」すれば、どんどんと具体策が出てきます。

②自分とは「違う乗り物だ」と思う

「私」が「新幹線のぞみ」ならば、「発達障害の人」を「新幹線こだま」ととらえる人がいます。しかし、同じ新幹線だと思うから歯がゆいのであって、発達障害の人を別の乗り物、つまり「自動車」や「飛行機」ととらえると良いでしょう。新幹線と自動車と飛行機では、構造も働きも行先も違いますが、どれも世の中になくてはならないものなのです。

③自分の気持ちはハッキリと、具体的に伝える

発達障害の人は相手の顔色をうかがうことが苦手です。だからこそ、怒っているときは態度で示しても伝わりませんので、「私は今、こういう理由で怒っています」とはっきり言葉にして伝えましょう。その他、喜びや悲しみに関しても同様です。「察して」という態度を示して気づいてもらえないのでは、自分がしんどくなるだけです。

④苦手なことはさせない

得手不得手の幅が広い発達障害の人には、苦手なことを無理やりさせても時間の無駄です。苦手なことを「一」伸ばす力があれば、得意なことは「十」伸びますヨ♪

⑤会話への参加のきっかけを作る

会話が苦手、話すきっかけがつかめないのも発達障害の特徴です。だからこそ「で、あなたはどう思う?」と、ダイレクトに会話を投げかけてください。話が続かなければ「……って、オチないんかい!」とツッコめば、それで済む話です。

⑥長所を絶賛し、自尊心を育てる

発達障害の人は、挫折を味わう機会が通常の人よりも多いとされます。それだけに自尊感情の低い人が多いため、長所はことあるごとに絶賛し、どんどん自信をつけてもらいましょう。

⑦ なんで？　をやめる

「なんで？」と言いたくなることは、日常茶飯事です。しかし、それは自分こそが正しいという思い込みがあるからこそ出てくる言葉ですので、世の中にはいろんな人がいて、いろんな答えがある、と考えてみてください。そうすれば、より広い心で接することができるはずです。

当事者はもちろん、周囲のひと工夫で暮らしやすく、生きやすくなる発達障害。その未知なる才能を開花させることが出来ればもうこっちのもの！　発達障害というダイヤの原石をプロデュースするのは、あなたかもしれません☆

汝の隣人を愛せよ？

汝の隣人

「汝の隣人を愛せよ」——宗教に関心の無い人でも知っている、有名な聖書の一説です。

これにはさまざまな解釈がありますが、広義的には「あなたが自分のことを愛するように、すべての人を愛しなさい」ということだそうです。

私ははじめてこの教えを知ったとき「すべての人を愛す」「隣人を愛す」「敵を愛す」ということ以前に、「自分のことを愛するように」と、人間、結局のところ自分が一番可愛いという本質にズバッと切り込んでいるところに衝撃を受けました。

さて、神様が隣人について示されているように、私たち人間は決して自分ひとりの力で生きていくことはできません。神様や仏様はもちろん、家族やご近所さん、職場の上司やお客様といったさまざまな存在に生かされているわけですが……我々夫婦も身近な場所で、日々沢山のオモシロいご縁をいただいています。

銭湯で牧師さんと出会う⁉

私は、大治朗と温泉や銭湯へ行くのが好きです。その日も、おてて繋いで近所のスーパー銭湯へ汗を流しに行くと、駐車場になにやら変わった車がありました。なんと、十字架がペイントされているのです。

大治朗と「これは一体なんなんやろね」と話していると、答えは男湯にありました。

「あのー、もしかして、豊来家大治朗さんですよね？」

「え、あ、はい。そうですけど……」

「私、○○教会で牧師をしております、○○と申します」

「あ！　もしかして、あの駐車場にある十字架の車の……！」

「そうです！　以前から大治朗さんをここでお見掛けしていたので、あれ？　もしかして？　と思っていました」

「そうですかー！」

人口の一パーセントしかいないともいわれている日本のクリスチャン。その貴重な存在同士が、スーパー銭湯で一緒になったのでした。これも何かのお導きなのでしょうね。

ちなみにこの二人が出会った銭湯の名前は「極楽湯」。

「極楽」でクリスチャンと牧師先生が出会うとはこれいかに！　ですが、その後二人で浸かったお風呂では、思わず「あ〜、極楽、極楽♪」と言ってしまったそうです。(笑)

「で、なに？　大治朗さん、結局その牧師先生と、極楽極楽いうてお風呂入ったん？　どんなクリスチャンやねん。(笑)」

するとと大治朗、

「いえ、団姫さん、これは仕方のないことなんです」

「なにが仕方ないの？」

「日本人の体は、お風呂で気持ちが良くなると、極楽と言ってしまうようにインプットされてるんですよ」

「嘘やん！　仏教徒ならまだしも、クリスチャンで、言う？」

「だって団姫さんだって、この間クーラーの効いた部屋に入った途端に言うてたやないですか」

「へ？　なんて言うてたっけ？」

「『あ〜涼しい〜！　天国〜！』って」

わお！　お互い様だったとは。(笑)

いろいろな宗教の人が暮らす日本。そこでは、仏教用語もキリスト教用語も仲良く暮らしているのですネ！

8時だヨ！　神さま仏さま

私たちが暮らす兵庫県尼崎市。多種多様な人材を受け入れ、それぞれが自分らしく生きるこの街はダイバーシティとも呼ばれています。

そんな尼崎の自由さを表すような番組をご存知でしょうか？

それが、数年前Yahoo!ニュースで世間を騒がせた尼崎のコミュニティ局、FMaiaiの『8時だヨ！　神さま仏さま』です。

実はこの番組、もともと『8時だヨ！　神仏集合』という奇抜な名前でスタートしたのですが、まだまだおカタい宗教界から批判の声を受け、『8時だヨ！　神さま仏さま』に番組名を変更したという経緯があります。

さて、そんなユニークな番組のDJは、貴布禰《きふね》神社の江田政亮宮司、浄元寺《じょうがんじ》の宏林晃信住職、そして関西学院中学部で教鞭をとる福島旭牧師の三名。

そう、この番組は前代未聞の「神道」×「仏教」×「キリスト教」のトリプルぶっちゃけ番組なのです。その企画のオモシロさ、そして三名の魅力的なDJの力で番組は放送開始後すぐ人気に火が付き、全国に熱烈なファンを持つ看板番組となりました。

そしてあるときです。私たち夫婦も大変光栄なことに「リアル聖☆おにいさん夫婦」としてゲスト出演させていただけることになったのです。

当日、ＦＭａｉａｉへ入ると、まずはスタッフさんから説明を受けました。

というのもラジオの場合、生放送ではなく事前に収録する場合でも、三十分番組なら三十分で録《と》ってしまい、よっぽどのことが無い限り編集を省略することがあるのですが、この番組もだいたいいつもそういう録り方をしているということでした。

それはそれで緊張感があって面白いので、承諾して、早速スタジオへ入りました。収録は江田宮司の宮司とは思えないようなアナウンサーばりのＭＣからはじまりました。さらにそこに喋りを聞いただけでは「え？　漫才師さんでしょ？」と勘違いしてしまうほどのボケとツッコミを持ち合わせる宏林住職が乗っていきます。福島牧師のホンワカさはコーヒーに入れるクリームのようなもので、番組のメリハリは最高でした。

収録中、私はいつもどおりどんどん小ネタを入れながらしゃべりました。そして、大治朗はラジオだというのにいつものように無口です。

そこで番組の終盤、ある意味当然の流れなのですが、だんだんと私が鬼嫁で大治朗が虐げられている旦那の図になっていきました。

すると福島牧師が、最後の最後、エンディング曲が流れはじめると、大治朗に牧師として、慈しみ深い瞳でいわれたのです。

「大治朗さん、応援しますので頑張ってくださいね」

普通の番組でしたら、ここで終了時間ちょうどに滑り込むように、ゲストが「ありがとうございました！」、MCが「それではまた来週！」という感じで終わります。

しかし、大治朗。「ありがとうございます」と言えば良いのに、なかなか言葉が出てきません。ええ？　大丈夫？　どうしちゃったの？　と心配していると、大治朗、絶妙の間でいいました。

「大治朗さん、応援しますので頑張ってくださいね」

「………アーメン」

豊来家大治朗としてでなく、最後はひとりのクリスチャンとして思わず牧師さんに「アーメン」と答えた大治朗。

すぐにテープを聞きなおすと、ばっちり「アーメン」でテープが終わっていました。これにはスタジオ全員が大爆笑でした。

オンエアが終わると、やはり「アーメンが良かった」との沢山の声をいただきました。

そして、落語ファンのお客さまから言われたのです。

「いやーまるちゃん、今回は最後に大治朗さんに持っていかれたな」

「そうですねん、あれはやられましたね」

「でも、あれって台本があったり、考えてたネタちゃうんやろ？」

「はい、大治朗としては咄嗟に出た言葉です」

「そうか！　控えめな牧師とクリスチャンの咄嗟のアーメンで最後を持っていかれるとは……。でも、あれはホンマに聞いてるほうとしてはめっちゃオモロかったで！　そう、まさに今回の放送はアレや！」

「あれ？」

「そう！　これがホンマの〝神回〟や」


学校寄席でのツカミはコレで決まり！

繁昌亭《はんじょうてい》の舞台から、地方の老人ホームまで、ご依頼さえあればどこへでも馳せ参じるのが我々芸人です。年に何度かあるのは学校寄席。実はこれがなかなか難しいお仕事なのです。

一番難しいのは中学生。なぜなら、小学生は素直なのでよく笑ってくれますし、高校生はある程度社会性が身についている大人なので、きちんと落語や太神楽を楽しめますが、その間の中学生はちょうど反抗期も兼ねていて、「ふん、笑ってやるもんか。そんなもの、興味ないし」という雰囲気を醸し出している場合も少なくないのです。

さて、そんな中学校での学校寄席、我々夫婦もアレコレと興味を引くように試行錯誤してきましたが、先日ついにテッパンのツカミが出来ました！

これはある学校でのこと。学校寄席では宗教の話はあまりしないようにしていた私たちでしたが、出番前、担当の先生がいわれたのです。

「あのー、事務所のマネージャーさんから、学校寄席では宗教の話をされないと聞いたんですが」

「そうなんですよ。色々な宗教のお子さんがいらっしゃるでしょうし、そういう話をするとやかましい学校や保護者さんもおられるので、しないようにしてるんです。なので、頭もウイッグをかぶって落語をしています」

「そうでしたか！　でも、僕は勧誘するわけじゃないなら、いいと思うんですよ。それよりも、お二人が違う宗教同士でも認め合っているという話をしていただけませんか？」

そこではじめて、学校寄席で自分たちが仏教徒とキリスト教徒であることを話すことになりました。

「というわけで、今日は皆さんに古典芸能をみていただきましたが……！　ところで、実は私、露の団姫は、落語家以外にもうひとつお仕事を持っています！　実は私、お坊さんなんです！」

「えええー！（全員）」

「ではみんな！　お坊さんといえばー？」

「ハゲー！（全員）」

「ハゲちゃうよー！　お坊さんは剃髪といって、自分で頭を剃っています。だから実はコレ、ウイッグなんです！」

「マジでー！（全員）」

「取ってみよかー？」

「いえーい！　取って！　取って！　取って！（手拍子）」

「せーの、じゃーん！」

「うおー！」

「そしてみんな！　なんと、この大治朗は、キリスト教徒なんですよー！」

「えええー！」

「頭見てみて！　ほら、この人、ザビエルって感じでしょ？」

「ザビエルー！」


こんなツカミですが、ありがたいことにハゲとザビエルで心をひらいた学生さんたちは、私たちの「お互いを認め合って、違いを楽しもう」という話を本当に良く聞いてくれます。

公立の学校で、直接的な布教や教義的なことを言うことはありませんが、「信仰があって、楽しく幸せに暮らしている」という姿が、仏教にしても、キリスト教にしても、一番大切な布教になっているのではないでしょうか。

でもザビエルさん、偉い人やのにこんなネタに使わせていただきすいません！　お詫びに私、頭丸めてきました。（笑）

ぶっちゃけ寺のテロップが!?

三年前の秋、テレビ朝日がスタートさせた前代未聞のお坊さんバラエティ『ぶっちゃけ寺』。お茶の間に仏教を分かりやすくお届けする大変画期的な番組で、私もほぼ毎回出演をさせていただきました。残念ながら今年の春に番組終了となりましたが、今をときめくタレントさんと、実にさまざまな場所へロケに行かせていただきました。

そうそう！　ここでチョット余談ですが、実は「タレント」という言葉はもともとキリスト教用語だといわれています。なんでも聖書に出てくるお金の単位「タラント」に由来するそうで、「賜物」や「才能」といった意味合いから、日本では芸能人に対して使われる言葉になったそうです。

さて、そんな『ぶっちゃけ寺』ですが、実はこの番組がまだ全国ネットになる前の深夜枠時代、我が夫、大治朗も出演させていただいたことがあるのです。

その回は、「親子で僧侶」、「僧侶とその妻」、そして私と大治朗の三組での出演でした。大治朗は普段テレビに出るとき、肩書きは「太神楽曲芸師　豊来家大治朗」です。しかしこのときのぶっちゃけ寺のテロップには驚きました。なんとそのテロップには

「キリスト教徒　豊来家大治朗」


と書かれていたのです!!　収録後、慌てて大治朗に聞きました。

「多分、番組的にはあなたがクリスチャンというのがなにより面白いからああなってた

んやろうけど、あれで良かった？　肩書き、キリスト教徒で、良かった？」

するとと大治朗、たったひとこと。

「イエス！」

……大治朗には「オイシイ」テロップだったようです。キリスト教徒テッパンのネタ、いただきました。（笑）

十字の切り方

昨年五月、落語家になってからはじめてお芝居に出させていただく機会がありました。実は私、小さい頃は劇団ひまわりに入っていて、落語家になる前はお芝居に出たり、ドラマでチョイ役をやることもあったのです。ただ、将来俳優さんになりたいというわけではなく、両親が落語好きだったため、落語家になりたいと強く思い、その道を歩むことになりました。

さて、そんな私が久々にお芝居をやるということで、この時はかなり気合いが入りました。なんせ、落語はあくまでも語り芸であり、演劇とはまたやり方が違います。劇団ひまわり時代のことを思い出し、所作、台詞に向き合いました。

いよいよ本番の日。大治朗も舞台を見てみたいというので関係者席から見てもらうことにしました。私の役は六歳の女の子（設定、きつかったです）。ちびまるこちゃん風の衣装にツインテールのウイッグ。大治朗もこんな私の姿は見たことないはずなので、感想が楽しみでした。

そして、舞台が終わると大治朗はすぐに楽屋にやってきました。

「団姫さん、お疲れ様です」

「どお？　良かった？　感想は？」

すると大治朗、私の演技に対する評価は一切なく、こう言いました。

「正教会ですね」

「は？　せ、正教会？」

「はい、最後のシーンで出てきたクリスチャン役の女性の方、十字の切り方が正教会でした」

「ち、違うの？」

「はい、十字の切り方は教派によって違います」

そんなところに注目していたとは……！

でも確かに、私もお坊さんの合掌の仕方でどこの宗派かたいがい分かります。特に曹洞宗のお坊さんに関しては、永平寺で修行された方か、総持寺で修行された方か、合掌の仕方で分かってしまいます。

われわれ夫婦、いつでもどこでも、頭の中は宗教のことでいっぱいなんですネ。

コラム⑦　日本語の中にはキリスト教用語もいっぱい!?

世界一美しい言葉ともいわれる「日本語」――その中には「ありがとう」をはじめ、「ご縁」や「接待」、「勝利」、「嘘も方便」など、たくさんの仏教用語が存在します。

しかし、日本語として親しまれているのはなにも仏教用語ばかりではありません。実は、聖書から出来た日本語も数多くあるのです。ここでは、おなじみの諺《ことわざ》を見てみましょう。

〈目からウロコ〉

まずは、「目からウロコ」です。これは、今まで分からなかったことが何かのきっかけで急に分かるようになるという意味の諺で、新約聖書の「使徒の働き九章」に由来しています。ここには「キリスト教徒を迫害していた盲目のサウロの家にキリスト教徒のアナニヤという人が訪れ、そしてサウロに手をかざすとサウロの目からうろこのようなものが落ちて目が見えるようになった。その後サウロは洗礼を受けキリスト教を広めていくようになった」と記されており、この話から出来た諺が「目からウロコ」だといわれています。

私がこの由来を知ったのは、大治朗と結婚後のこと。それまでは、「目からウロコ」はむしろ仏教用語っぽいなと思っていたぐらいなので、まさに、目からウロコの出来事でした。

〈豚に真珠〉

続いては、「豚に真珠」です。これは、豚に真珠を与えてもその価値は分からない、どんな価値のあるものでもその価値の分からない者には何の意味もないという諺で、「猫に小判」と同じような意味合いです。もともとは新約聖書の「マタイによる福音書七章」にある「聖なるものを犬に与えてはいけません。また、豚の前に真珠を投げてはなりません」が、その由来となっているそうですが、そう聞くと、「では、場合によっては『犬に小判』でも良かったのでは？」と考えられる方もいらっしゃることでしょう。しかし、日本語とは本当に奥深いもので、なんと「猫に小判」の成立以前から「犬に小判」という諺が存在するのだそうです。

以前、大治朗の誕生日に万年筆をプレゼントしたところ、大治朗は「僕は字が汚いので、これでは豚に真珠です」といいました。その後、驚くことに大治朗は「せっかく万年筆をもらったので」と、ペン字の書き方教室に通い始めたのです。あれから五年。今でも毎日自宅でプリントをなぞる大治朗に、先日思わず声をかけました。

「大治朗さん、以前よりめっちゃ字キレイになったやん！　プリントなぞるの、慣れてきた？」

するとと大治朗が言いました。

「はい、僕はクリスチャンなだけに、清書（聖書）は得意分野です」

仏教とキリスト教のハーフが誕生!?

三味線の師匠の不思議な夢

その日は、尼崎市内で年に二回行われる「西正寺寄席《さいしょうじよせ》」の日でした。楽屋へ入ると準備をしながら三味線のはやしや美紀師匠と世間話。すると、美紀師匠がいわれたのです。

「そうそう、今朝、まるちゃんの夢見たんよ」

「ええ！　ホンマですか？　それは、どんな……？」

「これが不思議な夢でな、川でめっちゃ大きい亀が流れてきて、それにまるちゃんがしがみついてんねん。（笑）」

「なんですかその夢〜。（笑）」

この会話からほどなくして、妊娠検査薬が縦の線をくっきりと描いたのでした。

名前はどうする？

妊娠が分かったのは、これまた不思議なことに大治朗と出会った大須演芸場でのことでした。師匠も一緒だったのですぐに報告し、十日間の出番が終わり尼崎へ帰ると産婦人科を受診。それは決定的なものとなったのでした。

大治朗、大治朗の両親、そして私の両親は、とても喜んでくれました。どちらの家にとっても初孫ということで、新しい命の誕生にワクワク。その一方で、私は悪阻《つわり》がひどくどんどんと痩せていき、十五分の高座すらしんどくなっていきました。途中に入院までしてしまうほどで、無事に出産できるかどうか心配でしたが、楽しいことを考えねばと、大治朗と子どもの名前を考えるようになりました。

まず、名前を考えるうえで大治朗と話し合ったこと。それは、「子どもの信仰」でした。大治朗は、実家が浄土真宗でありながら、導かれ、クリスチャンとなりました。

私も、父方は曹洞宗、母方は日蓮宗でしたが、ご縁をいただき天台宗のお坊さんとなりました。だから、息子には息子の信仰の道を自由に歩ませたいと考えていたので、ザ・キリスト教！　ザ・お坊さん！　みたいな、宗教が決まっているような名前は我々夫婦の場合やめておこうという話になったのです。

そんなこんなで考えはじめた子どもの名前。

「じゃあ、まずは僕たち夫婦の場合での、子どもにつけられない名前を先に出していったほうが、あと、考えやすくないですか？」

「つけられない名前？　それなら、ひとつあるやん」

「どんな名前ですか？」

「女の子の場合、フミエ」

「なんでフミエがダメなんですか？」

「ダメじゃないけど、将来フミエ（踏み絵）ちゃんがクリスチャンになったら、と考えてみてよ」

「……あ！（察し）」

全国のフミエさん、すいません。ネタでした。

戌の日

悪阻がおさまりかけた頃、戌の日の安産祈願をしていただくことになりました。

こういったとき、大治朗はクリスチャンだからといってガチガチに仏教や神道の行事を拒否することなく、時と場合に応じて、自然に参加しています。

祈願をしていただくことになったのは、姫路の天台宗通宝山《つうほうざん》弥勒寺《みろくじ》さん。ご住職である草別善哉師にはお坊さんになる前から大変お世話になっていたため、お願いをすることになりました。祈願がはじまると、私の大好きな法華経が読誦され、心が落ち着きました。

そして、祈願が終わるとご住職がいわれました。

「多分……というか、男の子ですね」

「ええ!?　な、なぜですか？」

「うちで祈願すると、なぜか男の子になるんですわ」

ご住職のおっしゃる通り、その後の診察で男の子と分かりました。

胎動

胎動をはじめて感じたのは、上方落語協会でのお稽古終わりに大阪天満宮さんを通りかかったときでした。鳥居の前でいつものように一礼すると、お腹の中でグルン！　とまわったのです。まるで、赤ちゃんも鳥居に向かっておじぎをしたかのようでした。

「クリスチャンと仏教徒の子どもで、はじめての胎動が神社とは！」

それまで正直、あまり実感のわかなかった息子との対面が、それはそれは楽しみになったのでした。

四月に入り予定日が近付くと、出産の準備に入りました。看護師さんに、

「そうそう、お産のときは、音楽をかけることもできるので、好きなCD持ってきてください ね」

といわれました。

普段は全く音楽を聞かない私ですが、確かにアスリートの方などは音楽を聴いてやる気を出したり力を発揮されるといいます。そこで私は帰宅すると、自分の魂が最大限に大喜びする、力のでるCDを用意しました。しかし、そのCDは手伝いにきてくれていた母と姉の手によって、すぐに出産セットから外されてしまったのでした。なぜなら……

「ちょっと！　あんたの出産セットに意味不明なもの入ってるんですけど！」

一家のお局ともいわれる姉がキツイ口調で言ってきました。

「意味不明とは失礼な！　それ、出産のときにかけてもらうねんから！」

「アホ！　なんでお経のCDやねん！　縁起悪いわ！」

「縁起悪ないわ！　むしろ縁起いいわ！」

そう、私は大好きな法華経のCDを持っていこうとしていたのです。法華経の、特に自我偈《じがげ》という部分を聞くと力がみなぎるので、出産にぴったりだと思ったのでした。

ここで、母が仲裁に入りました。

「まあまあ、団姫の気持ちも分かるけど、CDの音が他の妊婦さんにも聞こえたらビックリしちゃうから、一応やめといたら？」

ハッ！　確かに、他の妊婦さんにご迷惑をおかけしたり、まして不安になるようなことをしてはいけません。母の一言で、お経のCDはやめにしました。

出産

予定日前日の朝でした。朝六時、破水した私は急いで母を起こしました。

「お母さん！　起きて！　破水してる！」

「ええ？　私、今不思議な夢見てたのよ」

「どんな夢？」

「神社の大きな鳥居から、子どもがワーっと出てきたの」

また神社!?　もしかして息子は神道なのか？　いやいや、そんなことより早く病院へ！

はじめてのことでパニックになりながら病院へと急ぎました。

その後、陣痛促進剤によって気が狂いそうになるような陣痛がはじまりましたが、息子は頭も体も大きすぎたようで、なかなか出てくることができませんでした。

「このままでは母子ともに危険」――医師の判断により、帝王切開での出産に切り替わりました。

手術室に入ると、ものの三十分で産声が聞こえてきました。私の骨盤を通過できなかった赤ちゃんとはどれほどジャンボなのかと思っていると、医師から三九〇〇グラムと伝えられました。大治朗は仕事のため、あとから駆け付けましたが、この体重を聞いて、

「三九〇〇グラムですか！　産んでくれて、サンキュー！」

と、産後の疲れが増大するギャグをとばしてくれましたので、罪滅ぼしに、むくんだ足を揉ませてあげました。（笑）

命名

息子には「亀寿朗《かめじゅろう》」と名付けました。

実は妊娠が分かる前のことですが、なぜか大治朗と「もしも子どもができたら亀という

字を入れたいね」と話していたことがあったのです。ただ、家族や友人にその話をすると、「めちゃくちゃ縁起が良さそう」という人もいる反面、「なんだかのろまそう」という人もいたため、お蔵入りになったのでした。しかし、妊娠発覚後あれこれ名前を考えましたが、どれもピンとこず……結局、三味線の美紀師匠の「亀の夢」のこともあり、「やっぱり亀なのでは？」ということになりました。そこで改めて「亀」という字を調べると、なんと「亀」は「神」がなまった言葉であるという記述を見つけたのです。

そういわれてみると、亀を大切にする宗教は多いように思います。その、「亀」という言葉のもとが「神」とは……！

キリスト教はもちろん神様を大切にしますし、天台宗も諸天善神に祈ります。「宗教色をゼロに」——息子の自由な信仰のために考えた案でありながら、どこか寂しさを覚えていた私たち夫婦に、共通する「神」が形を変えた「亀」の字が現れたのでした。仏教でも、キリスト教でもＯＫな「亀」。そして仮に、鳥居をくぐる際の初胎動や、母が見た「鳥居から子どもが出てくる夢」が予見するような神道の信仰を持ったとしても、亀ならばばっちりです。

「よし！　これはやはり亀に決定やね！」

そこで、はじめは大治朗にちなんで「亀治朗」と考えましたが、名づけに詳しいお坊さ

んに聞くと、字画は最悪。するとこのお坊さんが、

「亀寿朗にすると、あなたたちご夫婦それぞれの良いところを取るお子さんになりますよ」といわれたため、有りがたく、亀寿朗という昭和……いえ大正時代のおじいさんのような名前にさせていただくことになりました。

退院すると、早速師匠へご報告にあがりました。

「師匠、こういった流れで、亀寿朗となりました。亀なんてイマドキではないですが、よろしくお願いいたします」

すると師匠がひとこと。

「かめへん、かめへん」

コラム⑧　日本仏教の主な宗派

日本の仏教には、数多く宗派が存在します。キリスト教の聖書と違い、仏教には大変多くのお経があるため、その教えも多岐にわたり、宗派の形成へと繋がっていったのです。

ではここで、日本仏教の主な十三宗派をみてみましょう。

〈法相宗・律宗・華厳宗〉

まずは、教科書でもおなじみ、「南都六宗」に属していた法相《ほっそう》宗・律《りっ》宗・華厳《けごん》宗です。これらは「奈良仏教」とも呼ばれ、その歴史は一三〇〇年といいますから、ナントびっくりです。

〈天台宗・真言宗〉

続いては、私の属する天台《てんだい》宗。総本山は滋賀県にある比叡山延暦寺で、「お念仏」に「お題目」、「坐禅」に「密教」……と、仏教と名のつく教えはすべてここに揃っています。いわば、日本仏教の母山。伝教大師最澄《さいちょう》上人がひらかれました。山上へはケーブルカーでのぼることができますが、なんとこの坂本ケーブルは日本で一番長いのだとか！　さすが、「サイチョウ記録」というワケです。

真言宗《しんごん》は、和歌山にある金剛峯寺《こんごうぶじ》が総本山で、弘法大師空海上人によってひらかれた密教宗派。護摩焚きで祈願をしていただけば、「今後無事（こんごぶじ）」のご加護をいただけるかもしれません。

〈浄土宗・浄土真宗・融通念仏宗・時宗〉

浄土《じょうど》宗、浄土真《じょうどしん》宗、融通念仏《ゆうずうねんぶつ》宗、時《じ》宗は「浄土系」に分類され、「南無阿弥陀仏」のお念仏をお唱えします。ちなみに、「南無」とは「帰依する」という意味なので、極楽浄土の主、阿弥陀仏に帰依していることになります。また、「うちは真宗です」といわれる方がおられますが、これは浄土真宗のことです。私の知人で、長野に住む浄土真宗のお坊さんは、「真宗は真宗でも、うちは信州」といつもいっておられます。

〈曹洞宗・臨済宗・黄檗宗〉

「禅宗」という言葉をよく耳にしますが、実は「禅宗」という宗派は存在しません。これは、主に坐禅を行う宗派の総称で、曹洞《そうとう》宗、臨済《りんざい》宗、黄檗《おうばく》宗を指しています。必勝祈願の際にも顔を出す、あの赤い「だるま」さんも、もともとは中国の達磨大師という禅の開祖。決して、大阪の串カツ屋の名前ではありませんので、ご注意を！

〈日蓮宗〉

日蓮宗《にちれんしゅう》は、「南無妙法蓮華経」というお題目をお唱えする宗派です。開祖は日蓮聖人。「南無」に「妙法蓮華経」という言葉が続いていますので、「妙法蓮華経というお経に帰依する」ということです。なぜお経に帰依するのかというと、お釈迦様ご自身が、「私（お釈迦様）よりも、この経の教えに帰依しなさい」といわれたためで、団扇太鼓《うちわだいこ》を用いながら、お題目をお唱えします。「だんだん良くなる法華の太鼓」ということわざも、ここに由来しています。

ではここで最後になぞかけを一つ。

「日本仏教」とかけて「ラジオ」ととく。そのこころは

「色んな宗派（周波）があるでしょう」

子育て奮闘記

息子はバイリンガル

息子が言葉を喋るようになってきた頃、原稿の打ち合わせで出版社に行くことがありました。そこで編集さんとお茶をしていると、こんなことを聞かれたのです。

「団姫さんのお子さんは、将来なに教徒になるんですかね？」

「それなんですよ……。実は今、悩んでまして。だって、日曜日は大治朗と教会へ行って、朝夕は私とお勤めしていたら、息子の頭の中が混乱してしまわないか……」

真剣な話でしたが、編集さんは笑い飛ばされました。

「アッハッハ！　それはないでしょ！」

「ええ、なんでですか？」

「だって、息子さん困った顔してますか？」

「いえ、讃美歌を聞いては喜び、お経を聞いては恥ずかしそうに真面目な顔をして、町中で十字架を見れば『これ、お父さん』といい、数珠を見ると『お母さんだね』といいます」

「それなら大丈夫ですよ！　団姫さんのところのお子さんは、『宗教のバイリンガル』になると思います」

「バ、バイリンガル⁉」

言葉を扱う商売をしていながら、これほどまでに言いまわしひとつで気持ちが楽になるものかとビックリしました。

あれからさらに言葉も覚え、今では自由におしゃべりしている息子。お客様から「息子さん、よくお喋りしますね」と言われると、即座に「ハイ！　大治朗よりよく喋ります」と答えています。（笑）

バイリンガルの息子が将来一体どんな信仰を持つのか。

まずは、私たち夫婦がそれぞれの教えを家庭内でしっかりと実践し、お互いにイキイキと生きること――それが、信仰心の大切さを伝えることになるのではないかと思います♪

生家がお寺になっていた

子どもが生まれてから、ふと自分が生まれた家は今どうなっているのか気になることがありました。私は生後すぐに親の仕事の都合で引っ越しをしたため、生家（静岡県富士宮市）の記憶がほとんどありません。そこで一昨年、仕事で静岡県へ行く機会があったため、生家があったであろう場所へ立ち寄ってみることにしました。

到着すると、家はありました。が、なんだか外装が変わっていて、パッと見た感じではアジア系の飲食店のようにも見えました。しかし、外にメニューなどはなく、見たことのない文字でなにやら看板が上がっているだけだったので、思い切って中へ入ってみました。すると、驚きました。なんと、上座部仏教のお坊さんがお出迎えをしてくれたのです。

「ええ!?　なんで!?」

なんとそこは、スリランカの寺院の日本別院「スガタ精舎」になっているということでした。

こんな偶然、あるのでしょうか……！　早速、日本語が堪能なご住職に、私がこの家で生まれたこと、今は天台宗のお坊さんであることを話すと、とっても喜んでくださいました。

そして、またお会いしましょうと約束をしたのです。

後日、こんな不思議なご縁をいただいたことを、スリランカへよく行かれる先輩のお坊さんにお話しする機会がありました。すると「いいご縁をいただきましたね」と言ってくださったので、このとき少し不安に思っていたことをお話しすることにしました。

「私は今回、自分の生家がお寺になっていてとても嬉しかったのですが、お坊さんにも色々な考えをお持ちの方がいらっしゃるので、大乗仏教のお坊さんである私が、上座部仏教のお坊さんと繋がることを良しとしない方も中にはいらっしゃるかも知れません。そう考えると、またスガタ精舎のご住職のところをお訪ねしてもいいものか……」

すると、先輩のお坊さんは言ってくださいました。

「今回、大乗仏教のお坊さんではなかなかお会いする機会がない上座部仏教のお坊さんとのご縁をいただけたわけですから、これは、視野を広く持ち、多くの宗教者と認め合い、世界平和のためになにをすべきなのか考えなさい、という仏様からのメッセージととらえたらいいと思いますよ」

なんと前向きなお言葉！　いつも人の顔色ばかり気にしてソワソワしている小心者の私とは違い、自信を持って「正論」をアドバイスできる先輩は、流石だなと思いました。

それにしても、柔軟な考えで正論を導き出せるこの先輩の物腰の柔らかさは、スリランカに詳しい人ならではだなと思いました。

なんでって？　そりゃ「スリランカ」なだけに「セイロン」はつきものです☆

大治朗の身勝手な祈り

子育てをしていると、困るのが「ギャン泣き」。息子は生まれたときからあまり泣かないほうで、予防接種なども平気な顔でプスッとされていますが（ある意味ニブイ？）、それでも、生後八か月頃、夜泣きがひどい時期がありました。もちろん、そんなときには夫婦であやしたり歌を歌ったりしたものですが、連日連夜のことで、流石に我々もクタクタになってしまったのです。

そんなある晩のこと。疲れ果てた大治朗が寝ぼけながら言いました。

「ムニャムニャ……イエス様……どうか、息子が早く寝ますように……」

「いや、待った待った！　それ、めっちゃ自分の都合やん！　それ、祈りと違うでしよ！」

「……ハッ！　すみません！」

「ホンマにそれ、アカンやん。それやったら、『イエス様、息子が穏やかな気持ちで朝まで寝られますように』とかちゃうの?」

「ホンマですね。あまりの余裕の無さに、思わず『どうかの祈り』をしてしまいました」

「ど、どうかの祈り?」

「自分の都合で、『どうか、何々になりますように』と祈ることです」

「仏教でいう、現世利益的なもの!?」

「そうです。ちなみに今、団姫さんがいった息子の心の安らかさを主体とするような祈りは『きんかの祈り』といいます」

「きんかの祈り?」

「ハイ。どうか(銅貨)との対比の洒落で、きんか(金貨)です」

クリスチャンの中でのあるあるネタだそうです。(笑)

子育てはもうこりた!?

子育て講演でのこと。夫婦二人で登壇すると、お客様から、

「大治朗さんに質問です。団姫さんのご家庭での育児ぶりはいかがですか?」

と質問があがりました。大治朗の答えは、

「ハイ。団姫は育児をよく手伝ってくれます」

この回答にお客様は大爆笑。でも実はこれ、「子育ては女性が主体」という思い込みがあるからこそ笑ってしまう話で、本来は、どちらも親なのですから男性も子育ての主体であって良いはずなのです。

さて、そのように主体性を持って子育てをしている大治朗ですが、別の講演会では、中年男性からこんな質問が飛んできました。

「大治朗さんに質問です。子育てに必要なのは、母性ですか？　父性ですか？」

この言い方を聞いていると、どうやらこの男性は「母性神話」を信じている方のようで、大治朗に「男性では限界があります。やっぱり最後は母親です」と言わせたいようでした。さあ、ちょっとイヤミなこの質問に、大治朗はどう答えるのか……。

「え？　子育てに必要なのは母性か、父性か、ですか？　……子育てに必要なものは、母性でも父性でもありません。ただ一つ、愛です」

クリスチャンの言う「愛」ですから、これには中年男性も降参。会場の他のお客様は大きな拍手で同意してくださいました。

その晩、私は考えました。確かに、大治朗の子育ては「愛」そのものです。慈しみ深い瞳で息子を見ながら、真の喜びの中で息子を育てています。

では、私の子育てはどうでしょうか？　いつもいつも仕事に追われ、育児に想定以上の時間が割かれると、ついイライラしてしまいます。

そんなとき、伝教大師・最澄さまの言葉を思い出しました。それが「忘己利他（もうこりた）」です。

これは、「己を忘れて他を利するは慈悲の極みなり」という意味で、「自分のことは後回しにして、まずは人様のためにどんどん行動をしていこう。それこそが、仏教徒としての大切な修行である」ということです。

世間には「母親とは、自分を犠牲にして子育てするものだ」といった考えを持つ人が未だに多く、そういったことを言われるたびに嫌悪感を感じてきました。しかし、「忘己利他」は、あくまでも自分を「犠牲」にするのではなく「後回し」にするだけで、自分も相手も大切にする、みんなが幸せになれる教えです。

そう考えると、右も左も分からない子育てですが、大治朗が息子を「愛」で育てていくのであれば、私は「忘己利他」でやっていこうと思えるようになりました。

己を忘れて他を利する「忘己利他」――決して、子育てなんてもうこりごり！　の「もうこりた」ではありませんよ。（笑）

ツルぴか夫婦

「旦那のために髪の毛を伸ばせ！　子どもがかわいそうだ！　天誅がくだるぞ！」

ビックリなことに、年に数回、こんなメッセージをいただきます。

どうやら世の中には女性が剃髪をすることを許せない男性がいるようで、わざわざこのようなことを言ってこられるのです。

しかしこのご意見は、私の信仰を無視し、なおかつ「妻が剃髪しているなんて旦那は嫌に決まっているだろう」と大治朗の意見まで決めつけている、大変失礼な話です。

だいたいなんで「旦那のために」「子どものために」髪型うんぬんと言われなければならないのでしょうか。おそらくこういう人は、女性は男性や子どもに従属するものと勘違いしている、女性軽視の方なのだと思います。でも、残念なことにこういう人はまだまだ存在するのですね。

そもそも剃髪とは、「髪の毛は煩悩の象徴である」といわれることからはじまったといわれています（諸説アリ！）。現在の日本仏教では宗派によって様々ですが、私は基本的に剃髪し、場合によってはウイッグをかぶることもあります。え？　どこで買うのかって？　ナント、三千円ぐらいで良い感じのウイッグが売られているのです♪　良かったら

紹介しますヨ。(笑)

さらに、大治朗の代名詞(?)ともいえる宣教師ザビエルですが、なんとザビエルさんも、わざわざ頭を剃ってアノ髪型になったといわれています。

なんでもカトリックでは「トンスラ」といって、神父様となるときにイエス様が頭にかぶらされた茨の冠を模して頭頂部を剃るのだそうです(これにも諸説アリ)。

ちなみに大治朗は私のツルツル頭はまったく嫌ではないそうで、むしろ飲み会などでは自分の頭髪が薄いことを自虐ネタとしながら「だから、我々夫婦は長生きしても『夫婦とも白髪』にはなれないんです」などといっています。

ただ、そんな我々を「夫婦でハゲ」という人もいますが、それは違う! と、ここでひとこと言わせてください。なぜなら、私の頭はしょせん「養殖もの」。それに比べて大治朗の頭は正真正銘の「天然もの」です!

だから大治朗の頭のほうが、私の剃髪よりよっぽど「値打ちもん」なのです。(笑)

コラム⑨　大乗仏教と上座部仏教

「キリスト教にはおおまかにカトリックやプロテスタント、正教会などがあるけど……仏教にもそういう大きな流れの違いはあるの？」――こんな疑問をお持ちの方は、意外にも多いようです。

今から約二五〇〇年前、インドの地においてお釈迦様によってひらかれた仏教は、その伝播とともに「上座部《じょうざぶ》仏教」と「大乗《だいじょう》仏教」に分かれていきました。

まずは「上座部仏教」。これは主にスリランカなどの東南アジアに伝わり、戒律をしっかりと守るお坊さんの集団と、それを支える信者さんによって成り立っています。アジアで旅行をすると黄色の衣をまとったお坊さんに深く礼拝をし、食べ物を捧げる人を見ることがあると思いますが、あれは、上座部仏教の僧侶と信者さんの日常風景です。

上座部仏教は厳格な出家主義で、個人の修行や実践に重点を置く、いわばお釈迦様の教えを純粋に守ってきた仏教ともいえるでしょう。

ちなみに、「上座部仏教」のことを社会科の授業で「小乗仏教」と習った人もいるかもしれませんが、「小乗仏教」とは、実はあまり良い意味の言葉ではありません。

なぜなら「小乗」という言葉は「大乗」に対して「懐の小さい教え」と言わんばかりに登場した失礼な意味合いの言葉なので、読者の皆さんには是非とも本来の「上座部」という言葉で覚えていただきたいと思います。

では、「大乗仏教」とはなんでしょうか？ これは「大きな乗り物」を意味する仏教です。上座部仏教が厳格な出家主義であることに対し、大乗仏教は出家しても、しなくても、教えを信じ、日々生活のなかで実践することによって誰でも悟りをひらくことが出来るという、「とにかく易しい仏教」といえます。

特に、大乗仏教のおススメの修行は「利他行《りたぎょう》」と言って、人のために何か善い行いをすることだといわれています。人のための善行は己の修行になり、結果的には自分も他人も、みんなで幸せになれる、というものです。

八万四千通りの教えがあるという仏教。お釈迦様の目標はただひとつ。私たちを悟りへと導くことです。上座部仏教で悟りをひらくも良し、大乗仏教という大きな乗り物で悟りをひらくも良し、お釈迦さまはどちらも大歓迎してくださいます。

現在、日本で親しまれているのは大乗仏教ですが、これは「百人乗っても大丈夫！」でおなじみの、アノ物置にも負けない、お釈迦さまの強い願いによって支えられている頑丈な乗り物です。それは、仏教を信じる人も、信じない人も、地球上、すべての尊い命が乗れるように出来ています。え？　そんなわけないやん！　そんな丈夫な乗り物があるわけないやん！　と思われた方、ご安心ください！

「みんなで乗っても大丈夫！」だから、私は自分の信じる教えを「ダイジョーブっきょう」と呼んでいるのです☆

法華経＝キツイ⁉

大治朗がお弁当を作ると？

我が家には、時折、私の姉が育児の手伝いのため泊まりにやってきます。

というのも、どうしても夫婦ともに地方の仕事や夜席の出番がある場合、息子の面倒をなかなか見られないため、姉が代わりに息子を保育所へ迎えに行き、お風呂に入れ、夕食、寝かしつけをしてくれるのです。

そんな姉に、家庭的（？）な大治朗はせめてものお礼にと、毎度、翌朝我が家から出勤していく姉のためにお弁当を作ります。しかも、メニューはちゃんと姉用になっていて、お肉が好きな姉のために、手作りの塩麹に数日前から漬け込んだお肉を焼いたり、簡単なバーガーにしたりと、そのマメさには思わず感心してしまいます。

さて、そんな大治朗の手作り弁当を受け取ると、調子の良い姉はいつもこう言います。

「大治朗さんありがとうございます！　さすが、クリスチャン！」

え？　なんで？　クリスチャン関係ないやん！　と思うでしょうが、こんなこと、よくあるんです。お礼とともに、「さすがクリスチャン」と。

どうやら、世間の方々は「クリスチャン」＝「優しい」というイメージをお持ちのようで、確かにこれは、当たっています。大治朗は夫なのでさておきですが、私はクリスチャンで嫌な人に会ったことはありません。もちろん、人間ですから中にはそうでない人もいるのでしょうが、とにかく親切で優しい人が多いように思います。

しかし、そんなイメージはありがたいことであるとともに、大治朗にはなかなかのプレッシャーでもあるようです。なぜなら、普段クリスチャンと接触のない、私の姉のような人間にとっては、一番身近なクリスチャンである大治朗がそのまま「全クリスチャン」のイメージになってしまうため、責任重大なのです。

もちろん、これは私にも共通することで、ある意味、私の言動や行動も身近な人にとっては「お坊さんのイメージ」になるわけですから、どこにいても気が抜けません。なかなか肩が凝ることです。

しかし最近、「さすがクリスチャン」「さすがお坊さん」という人にそこまでプレッシャーを感じる必要もない、と思えるようになりました。

なぜならこういう人は、自分の都合が悪くなると、今度は「えー！　お坊さんのくせに」とか「それでもクリスチャン⁉」と平気で言うからです。

　これを言われるとつらいので頑張るしかないのですが、信仰を公言することは、ある意味、弱みを握られているようなものかもしれません。

　そんなこんなで最近では、ありのままに、あまり気負わずに人付き合いをするようになりましたが……実は「クリスチャンのイメージ」、「お坊さんのイメージ」を死守しなければいけない本当の敵（？）は、世間ではなく、家庭内にいたのです……！

法華経のイメージは？

　その日は、私の大好きな関西随一の日蓮宗霊場・能勢妙見山での講演会でした。

　私の仏教落語、大治朗の太神楽、法華経に関する講演、そして最後は夫婦二人での「夫婦ーく（めおとーく）」と盛りだくさん。

　お客様は妙見山の熱心な信者さんたちで、皆さん法華経が大好きな方ばかりです。

　私も、自身が法華経を人生の指針としていること、法華経のどんなところが好きなのかを講演でたっぷりと語り、皆さんも、その都度ウンウンと頷いてくださいました。

　そして、締めの「夫婦ーく」のときです。大治朗が、

「僕は、仏教のおおまかなことはなんとなく分かるのですが、法華経とか専門的なことはよく分かりません」

といったので、すかさず、

「じゃあ大治朗さん、大治朗さんの中で法華経はどういうイメージですか？」

と聞き返しました。すると……！

「法華経ですか？　はい、法華経は〝キツイ〟イメージです」

その瞬間、先ほどまで笑顔だった信者さんたちの顔が凍り付きました。もちろん、私もです。

「え？　いや、あの、大治朗さん、どういうことですか？」

「性格がキツイイメージです」

「……ちょっと待った！　それは法華経のイメージやなくて、法華経を信じてる私があなたに対して鬼嫁やから、キツイイメージになってるってことちゃうの⁉」

「……あ、確かにそうです！　じゃあ、団姫さんが僕にキツイのは法華経のせいじゃなかったんですね」

な、なんたる回答……！

大治朗にとっての一番身近な「仏教徒」「お坊さん」「法華経信者」は、どうあがいても私です。イメージを死守しなければいけない最大の相手が、まさか大治朗だったとは……！

仏教のイメージ向上のために、たまには鬼の角《つの》を引っ込めなければと心に決めた日でした。

教会には大治朗みたいな男性がいっぱい!?

法華経の熱心な信者さんの前で悪気なくＫＹな発言をしてしまう大治朗。日々こんな珍事件ばかり起こしてくれるので私にとってはたまったものではありませんが、本当に世間様というのはありがたいもので、そういう大治朗を「純朴な人」だと表現してくれたり、あたたかい目で見てくださる人がたくさんいます。

さて、そんな大治朗のことを落語家の後輩たちもだんだんと慕ってくれるようになってきたある日のこと。一門の後輩が、キリスト教会の落語会へ行ったと報告をしてくれました。

「団姫姉さん！　私、この間キリスト教会主催の落語会に出させてもらったんですよ！」

「へー！　そうなんや！　ほんで、どやった？」

「初めて教会行ったんですが、大治朗兄さんみたいな男の人がいっぱいいました！」

これを聞いた瞬間、思わず笑ってしまいました！　そう、確かに教会へ行くと、若い男性は大治朗のような雰囲気の方が多いのです。自分でも驚きましたが、私も、自分の中にある程度の「クリスチャンのイメージ」が出来上がっているのだなと感じました。

イメージや固定観念というものは、ときにあらゆる妨げをもたらすものですが、これも持っていきようによっては、「イメージ通りだから感動する」ことや、反対に「型破りだからこそ印象に残る」というプラスの効果を生み出すことができます。

今までは「夫婦で宗教が違うなんてあり得ない」「世間に知られてはいけないことだ」とタブー視されていた異宗教結婚。そんなイメージも、「多様性」が叫ばれる時代に入った今だからこそ、どんどん笑い飛ばしながら型を破っていきたいと思います☆

いろいろな宗教からアノ手コノ手

世の中には、古い宗教から新しい宗教まで、実に様々な宗教が星の数ほどあります。そんな中で私はお坊さんとして、大治朗はクリスチャンとして生かされているわけですが、我が家には本当に多くの宗教の勧誘がやってきます。

はじめに勧誘を受けたのは、なんと比叡山での修行中のことでした。消印が東京になっていたその手紙には「法華経の素晴らしさに気が付いたのは良いが、比叡山ではダメだ。今すぐ下山して私の宗教へ入れ」という批判と勧誘の文章が書いてありました。

修行が終わると、今度は見知らぬ宗教から「うちの宗教は、イエス様も仏様も拝むので、あなたたち夫婦が本当に救われるのはうちだけですよ」ときました。

あるときは、小学生だという少女から「まるこさん夫妻のファンです。だから、ご夫妻にもわたしと同じ宗教になってほしいです」という手紙をもらいました。しかし、どう見てもそれは大人の字でした。そして、仏教を批判する資料が同封されています。これには

「わざわざ子どものフリをして批判したり勧誘するとは……せめて自分の名前をちゃんと明かしたらどうなの」と思いました。

困るのが、講演会などに本を持ってこられる方です。

「この本読んでください」と分厚い本を渡されると、たいがい勧誘の本でした。もちろん、いただくのは別に良いのですが、私はいつも落語の衣装やお坊さんの衣と共に行動している身です。ただでさえ重たい荷物を持っているので「え……これから四時間かけて帰らなあかんのに、この重たい勧誘の本まで持って帰らなアカンの……」と、それだけで肩が凝りました。

そして、一時期あまりにもこういうことが続いたため、講演会社のスタッフさんが、「本なども含め、プレゼントの直接受け取りはできません。事務所まで送ってください」と言ってくださるようになりました。

メールでも、単純な勧誘でなく、手の込んだものがありました。これは、パッと見はお悩み相談の形なのですが、読み進めていくと、

「……で、私は○○教の人に嫌がらせを受けているんですが、団姫さんも○○教っておかしいと思いますよね？　団姫さんの○○教に対するおかしいと思う点を教えてください」

とあります。

「(あ、これアレや。これに返信したら、そのままネットとかで『天台宗の露の団姫も○○教はおかしいですと批判してます、その証拠にこんなメールをもらいました』と使われるパターンやな)」と感じました。

以後、このようなメールはスタッフさんがシャットアウトしてくれるようになりました。

私が天台宗のお坊さんであること、大治朗がプロテスタントのクリスチャンであることをなんとか変えようとする人たちは、常に出てきます。

もちろん、私たちがそれに動じることはありませんが、やはり人間ですからこのような勧誘に疲れることもありました。

しかし、そんな勧誘の中には思わずネタにして喋りたくなるようなものもいくつかあったのです。

誰が住んでる家？

ピンポーン♪

ある土曜日の朝、家のチャイムが鳴りました。

「ああ、またあそこか……」

大治朗がガチャッと扉を開けると、そこにはキリスト教系の新宗教の勧誘の女性が立っていました。そしていつものように、

「聖書の勉強をしませんか？」

と聞かれ、大治朗は答えます。

「あ、僕、すでにクリスチャンなんで」

女性たちは帰っていきました。

数年前、週末を迎えるたびに勧誘に来られていた某団体の方々。我々も居留守というのもなんなので、チャイムが鳴れば一応出ることにしていました。

そんなある時、大治朗と日本テレビの『ラブぎゃっぷる』という特番に出させていただくことがありました。私は衣に袈裟、大治朗は見た目ではクリスチャンと分からないため、ディレクターさんからの希望で首から十字架をかけることになりました。

その放送から数日後のことでした。また、家のチャイムが鳴ったのです。

大治朗がインターホンのカメラで外の様子を見てみると、

「あ、やっぱりあの宗教っぽいですが、今日は勧誘の方、男性が来ていますね」

といいました。そこで、いつもは大治朗が対応しているのですが、この日はなんとなく

私が出てみることにしました。扉をガチャッと開けて、

「はい～！　どちらさまでしょうか？」

するとこの勧誘の男性が、なぜか非常に驚いたのです。

「え？　え？　え～？」

「どうかされたんですか？　あ、すいません。私、頭ツルツルなんでビックリされましたか？　実は私、尼さんなんですよ」

「え、あ、尼さんですか……いやーなんでやろ」

「なんでやろ、とは？」

「すいません。私、〇〇の人間で、聖書のことについてお話をしに来たんですが……」

「はい、存じ上げております。他の会員の女性の方にもよくお越しいただいているようで」

「あ、そうですか。いえ、それで……すいません。笑っちゃうんですけど、我々も勧誘の名簿みたいなものがあるんですが、こちらのお宅、備考欄にメモがありましてね？」

「え？　うち、なんて書かれてるんですか？」

「いや、笑わないでくださいよ？　なぜか『牧師さんが住んでいる』って書かれてるんです」

「ぼ、牧師さん⁉」

「はい。(笑) で、牧師さんにもやはり我々は我々の聖書の解釈をお話しすることになってるので、気合いを入れてきたんです。そうしたら、牧師さんどころか尼さんが出てこられたので、もうびっくりしちゃいまして」

「そうやったんですか。(笑)」

そこから、なぜか和気あいあいと、異宗教結婚をしていること、先日のテレビで大治朗を「クリスチャン」ではなく「牧師さん」と勘違いした人が少なからずいたこと。そして、その番組を以前勧誘に来られていた女性がたまたま見て備考欄に書き込んだであろうことを推測し、話し合い、お互いに大笑いでした。

それでも、最後の一線は譲れません。ひとしきり喋ったあと、この男性は勧誘モードに戻り、本題を話してこられました。

「……それにしても、あなたたち仏教には、終末思想って、ないでしょ？　聖書ではアルマゲドンといって……」

そこで私もすかさず言いました。

「何を言うてはるんですか‼　そっちはアルマゲドンかもしれないけど、こっちは今、大ピンチの〈末法《まっぽう》世界〉なんですよ！」

「ま、まっぽうせかい⁉」

「そうですねんー！　いや、知らはりません？　私ら仏教ではね？　まず『正法《しょうぼう》』いうて、あ、これ火事のときに駆け付ける車ちゃいますよ？　お釈迦さまのお亡くなりになったあとに、教えと修行と悟りがセットになってるええ時代のこと言うんですわ！　で、次に『像法《ぞうぼう》』いう時代がやってきてね？　教えと修行はあるんですけど、それで悟れるものが出ないというチョイヤバな時代なんです？　で、そのあとが今ですわ！『末法』いうてね……」

と、こんなマシンガントークを三十分続けてみたところ、勧誘の男性、こりゃ無理だと諦めたのか、苦笑いで帰って行かれました。

「団姫さん、もうあの団体は来ないでしょうね」

「そやろねー」

「でも、団姫さん、いつもあまり末法世界の話とかしないのに、なんで今日はそれで攻め込んだんですか？」

「そりゃ大治朗さん、今日は何曜日よ」

「土曜日です」

そう、土曜日の「週末」なだけに、「終末」の話をさせてもらいました。(笑)

行きつく場所は?

プルルルルル……プルルルルルル……

「はい、露の団姫事務所です」

その日、事務スタッフがとった電話は、なんだか不思議なものだったといいます。

「あのー、団姫さんにメールを送りたいのですが……」

「ありがとうございます。それでは、ホームページのお問い合わせページにファンレターという項目がありますので、そちらからお願いします」

そして届いたメール。そこには「団姫さんと電話で話したい」と書いてありました。

本来、事務所ではそういうことは出来ないことになっているため、翌日スタッフが事情をお話しすると、それでもどうしても伝えたいことがあるので、と言われたのでした。

そこで、よっぽどお困りの方かもしれないということになり、私から直接お電話を差し上げることになりました。

「わあ、団姫さん、お電話ありがとうございます! で、実は団姫さんにお伝えしたいことがあって……お手紙を出したいので住所を教えてもらえますか？」

それやったら最初からメールにその内容を書いてくれたらええのにと思いつつ、事務所の住所を教えました。すると二日後に届いた手紙。やれやれ、これで要件が分かると開けて見ると？

「大治朗さんにお伝えしたいことがあるので、大治朗さんからお電話いただけませんか？」

なんじゃこりゃ！　ここまで来たら大治朗も気になるようで、電話をしてみました。

「もしもし！　実は大治朗さんにお伝えしたいことがあるので、手紙を出したいのですが……」

で、また大治朗に手紙が届き、内容は、

「直接お会いしたいので、また○○県へお越しの際に私の家へ遊びにきてください」

はいー？？？　さすがに気の短い私は、「こっちも暇ちゃうねん！」と腹立たしく思ってしまいました。そして、この手紙にやっと先方さんの住所が記されていたため調べてみると、なんとそこはとある宗教の施設だったのです。結局、長ったらしいだけのいつもの勧誘だと分かったのでした。

「いやー大治朗さん。お悩み相談かと思ったら、勧誘やったね。もう、たまらんわ」

「そうですか？　僕はちょっと楽しかったですよ」

「どこが？　この電話、メール、手紙のやり取り……内容がなくて、無駄やん！　どこが楽しかったん？」

「はい。その行きつく先のない、要件が結局分からないやり取りが、あの歌みたいで楽しかったんです」

「あの歌？」

「はい。『やぎさんゆうびん』の、白ヤギさんと黒ヤギさんになった気分でした」

待て待て！　あなたはクリスチャンなんやから「ヤギ」やなくて「子羊」でしょ……キャラ設定、忘れたらアカンやんか。（笑）

宗教のつまみ食い

我々夫婦は日ごろ、いろいろな方に出会います。良い出会いもありますが、中には先述のように、夫婦揃って怪しい宗教の強引な勧誘に遭うこともしばしばで、人付き合いとはなかなか難しいものだと感じています。

さて、そんな中でも一番困った類の方がいます。それはどんな方なのかといいますと、「私もキリスト教とか仏教とか大好きで、それぞれの教えのいいところを自分なりに解釈して、自分流に取り入れてます♪」という方です。こういう方からすると「私はいろいろな宗教が好きだから、団姫さん夫妻と私って、似てますよねー」ということらしいのですが、正直、このような方は自己啓発や自己肯定のために宗教を都合よく使っているだけであり、それは決して信仰ではないため、一番厄介で苦手なタイプです。しかし、そういった方もきっと何かの教えが信仰のきっかけになるのではと思ってきましたが、先日、お坊さんの先輩にこんなことをいわれました。

「団姫さんのような三十代の尼僧さんには、『宗教のつまみ食い』の女性がよく近づいてくるでしょ？」

「つ、つまみ食い⁉」

「特定の信仰を持たずに、自分の都合でいろんな神様仏様を引っ張り出してきて、いつまでもパワースポットばかりめぐって現世利益を求めている人ですよ」

「あ、はい。いらっしゃいます」

「気を付けないと、つまみ食いの人ほど、信仰に目覚めにくいからね」

「そうなんですか⁉」

「だから、そういう人こそ信仰という軸をしっかりと持てるように導かなければいけませんよ」

その日の夜、大治朗にこの話をしました。

「……ということらしいねんけど、確かに、何年もパワースポットめぐりしててもいつまでも『つまみ食い』の人もいるし、でも、あなたみたいにお寺や教会に来たその日にビビビ！（古い？）っていう人もいるし、なんなんやろね」

すると大治朗。

「あれじゃないですか？　ほら、モテる人はいろいろと選り好みできるので、その間に本当のパートナーを逃しちゃうっていうじゃないですか。それに比べて、僕みたいにモテないおっさんだと、団姫さんと出会った瞬間に『この人しかいない！』と信じて疑わなかったので、信仰も、意外とそういうものかもしれませんよ」

なんだか若干失礼な話ですが……それはさておき。

私の好きな法華経の中には「このお経の一偈一句を聞いて喜ぶものは、いつか必ず悟りをひらくことができる」とあります。

教義に詳しくなること、いろいろな教えを知ることはとても大切なことですが、それよりなにより大切なことは、まずは教えを喜び、信じる心なのだということなのですね。
人生を切り開くのは「宗教」ではなく「信仰」。
ああ！　だから昔から言われ続けているんですネ！

「信じる者は救われる」

コラム⑩　「職業病」ならぬ「信仰病」にご注意を！

「職業病」という病があります。話に必ずオチをつけてしまうのも落語家の職業病ですが、実は世の中には密かに感染を広めている病があるのです。それが、「信仰病」です。命名はワタクシ露の団姫ですが、この病にかかるとそのマニアックさから理解者は少ないものの、生活の中で思わずムフッと笑ってしまう楽しみが増えるといいます。

例えば、ある日のことです。書類を読んでいると、「解説」という文字が目に飛び込んできました。これをすぐさま「げだつ」と読んだ私の脳みそ。普段「解説」よりも「解脱」という漢字を見る機会のほうが多いために起こってしまう症状ですが、これは信仰病のひとつといえます。

ショッピングモールへ行っても、この病はたびたび顔を出し、買い物の足を止めさせます。エレベーターで「三階」と聞けば「三界万霊《さんかいばんれい》」をついつい連想してしまいますし、アナウンスが「ご入場の際は……」と流れると、頭の中に「高僧のご入滅」＝「ご入定《にゅうじょう》」がイメージされてしまうのです。極めつけはドラッグストア。「アミノ酸」のＣＭが「阿弥陀さん」に聞こえたときには、重症であることを自覚しました。

もちろん、夫の大治朗もこの病に罹患しています。レジで「清算」と聞くと、「聖餐式」が思い浮かび、「経験」と聞けば「敬虔」という文字が出てくるそうです。しかし、大治朗の信仰病などまだまだ序の口です。

以前、キリスト新聞社・松谷信司氏主催の『いのり☆フェスティバル』（通称・いのフェス）に参加させていただいたときのこと。日本カトリック界のカリスマ・片柳弘史神父にお会いすることができました。その日はちょうど賑やかしで私の相方である、ゆるキャラ・ぽ～ろ（マルコの相方なので、マルコ・ポーロから、ぽ～ろという名前）も参加していたため、片柳神父にぽ～ろを紹介しました。

すると後日、片柳神父がご自身のブログでうちのぽ～ろを写真とともに紹介してくださったのです。しかし、その文言が……!?

「犬のぬいぐるみは、ゆるキャラのパウロ君です」

パ、パウロ君……!?　な、なんとカリスマ神父様の頭の中では、「ぽ～ろ」は「パウロ」へ自動変換されていたのです。片柳神父へすぐにご連絡をさせていただきましたが、大笑いされていました。

発症すると効果的な治療法はなく、むしろその症状に病みつき（?）になってしまう信仰病。みなさまどうぞご注意くださいませ。

以上、「草食系」男子・豊来家大治朗と、「僧職系」女子・露の団姫からのお知らせでした☆

凸凹夫婦を救った「発達凸凹」

発達障害は発達できる障害

以前、発達障害の専門家の方からこんな言葉をいただいたことがありました。

「団姫さん、発達障害は〝発達できる〟障害だから、夫婦の協力で大治朗さんはどんどん伸びますよ」

大治朗が発達障害と分かってから五年。なぜ幼少期から人付き合いが苦手だったのか、なぜ勉強ができなかったのか、過去を振り返り、己の未来の教訓とできるよう、日々模索してきました。それでも、発達障害は完治する障害ではないため、今でも失敗の連続です。

今年の一月のこと。大阪のホテルグランヴィアで十三時から夫婦での講演会、その後、十五時から天王寺のお寺で夫婦公演というスケジュールの日がありました。そこで、十五時の舞台に確実に間に合うよう、開演前に大治朗と打ち合わせをしました。

「ほな、まずは私が十三時から十三時三十分まで落語するから、大治朗さんは十三時三十分から五十分までやって？　それから私は十四時半まで講演やから、あなたは自分の出番が終わり次第、すぐにお寺のほうへ移動してね。私はあとでタクシーで追いかけるから」

「分かりました。あ、そうだ。団姫さんも講演終わったら飛び出しなので、落語の衣装だけ、先に僕が持っていきましょうか？　で、楽屋でハンガーにかけておきますから」

「助かる！　じゃあ、この白い鞄に持っていってもらう衣装入れておくから、お願いします。黒い鞄のほうはあとから自分で持っていくから、持って行かないでね？　白だけね！　白だけ！」

こうして始まった講演会。落語が終わり、大治朗の出番。私は白い鞄に落語の衣装を詰め、講演に入る前に大治朗と舞台袖で「ほな、白い鞄だけ頼むね！」と声をかけました。

そして、講演を終えて舞台から降りてくると……？

スタッフさんから「大治朗さん、先に出ました」と報告を受けました。楽屋を見ると、ちゃんと黒い鞄は置いてあり、白い鞄はなくなっています。よし！　ダンドリどおり！と思っていると……？　ギョッ！　なんと楽屋には、大治朗の衣装の袴が置いてあったのでした。

「しもた！　私が白い鞄〝だけ〟を強調したから、ホンマに白い鞄だけしか持っていかなかったんや！　自分の袴忘れるとか……あちゃー！　それこそ次の舞台ヤバいやん！」

大急ぎで移動しました。

「言葉をそのまま受け取る」という発達障害の特徴を持つ大治朗。久々のそれに、私も言い方を工夫すれば良かったと反省したのでした。

しかし、こんなことがあっても最近は特に引きずらず、結果オーライであればそれで良しと思っています。そう、私たちは以前よりも発達障害と生きる気持ちが前向きに、より明るくなっていたのです。

発達凸凹に出会って

昨年十一月のことでした。尼崎市にある、武庫川キリスト教会で発達障害についての講演があるというので、家族で行ってみることにしました。その講演で、大治朗はとても素晴らしい言葉に出会うことができたのです。

その日、「子どものこころ専門医」である岸本光一氏は「発達凸凹《でこぼこ》」というお話をされました。

この「発達凸凹」という言葉は、もともと浜松医科大学の杉山登志郎先生が提唱されたもので、「発達に障害を持つ人」が「環境に適応できていない」と、「生活に障害が生じる」ので「発達障害」である、というお話でした。なので仮に、「発達に障害を持つ人」でも、「自分に合った環境」で、「生活にあまり支障をきたしていない」のであれば、それは障害ではなく、できる・できないの振れ幅が多い「発達凸凹」だ、ということでした。

この話を聞いたとき、思わず大治朗に小声で、「通知表なら一・五・一・五……みたいな感じの人やね」というと、大治朗は「僕、家庭科と体育だけはいつも良かったです」と笑いました。

帰り道、大治朗は言いました。

「……僕は、団姫さんと出会った頃は発達障害だったと思います。でも今は、神様と師匠と団姫さんのおかげで、発達凸凹です」

「というと？」

「サラリーマンをしていた頃は、自分に不向きな仕事をして、失敗して、KYで、人付き合いができなくて、精神的に追い込まれて、余計空回りばかりでした。でも今は、神様がいつも一緒に歩んでくださって、師匠から剣の輪くぐりを伝授してもらい、団姫さんが僕の仕事の環境を整えてくれて……もちろん、迷惑をかけているのは分かっていますが、以前の自分とはくらべものにならないぐらい日々暮らしやすくて、生きやすくて、幸せなんです」

「それなら、本当に良かった。私も嬉しいよ」

「僕の場合は、神様の『乗り越えられない試練は与えられない』という教えは発達障害のことだと思います。でも、芸が身を助ける、で生かされていますね。芸に悩んだおかげで神様に出会えて、師匠と出会えて、団姫さんと出会えました。……僕は、人よりも出来ないことが沢山あることはこの三十八年間で痛いほどよく分かりました。でも、これからは自分に与えられた芸で発達凸凹のメッセンジャーになりたいです」

大治朗さん、人間には、出来ないことがあるから、出来ることがあるんだね。

ギフテッド

発達凸凹という言葉は、私たち凸凹夫婦にとってまさにピッタリな言葉でした。

そして、「環境が整えば発達障害という試練を乗り越えられる」と実感した大治朗はメッセンジャーになりたいといいます。そこで大治朗は今まで以上に発達障害の勉強をするようになりました。そんなある日のこと。

「団姫さん、ギフテッドって知ってますか？」

「クマのぬいぐるみが主役の映画でしょ？」

「いえ、それは『テッド』です。僕がいってるのはギフテッドです」

「なんなん？」

「これ、発達障害の本に出てたんですが、並外れた成果を出せたり、突出した才能を持つ人のことをいうらしいんです。例えば、アインシュタインとか、変わり者ですけどその才能だけでやっていけちゃう天才型の人です。これも発達凸凹の最高峰ですよね！　これ、今度の講演で話します」

「おお、それいいね！　でも、アインシュタインでは分かりにくいし、誰か日本人でギフテッドはおらんの？」

「日本人では山下清がそうだといわれています」

「確かにあの人、絵描いてる以外はオニギリ食べてるだけやしね」

「それはテレビの演出です。でも、僕みたいな人間でもギフテッドにはなれなくても発達凸凹にはなれたので、同じ悩みを抱える当事者とか、その親御さん、パートナーにもっともっと知ってもらいたいですよね！　他にも有名な人でギフテッドがいないか、探してみます！」

ハンドクさん

ここで、仏教界にも元祖・ギフテッドであろうお方がいらっしゃることを思い出しました。

それが、お釈迦さまのお弟子さんであった、シュリ・ハンドクさんです。

ハンドクさんは、生まれつき要領が悪く、物覚えの悪い子どもでした。その後、己の無力さに絶望したハンドクさんはお釈迦さまの弟子となりますが、ここでお釈迦さまはいわれたのです。

「人間には、それぞれに応じた修行があり、どんな人も必ず悟りをひらけます。あなたはこれから毎日ひたすら掃除をしなさい」

ここで、素直な心で言われた通りにお掃除をはじめたハンドクさんは、何年も何十年もお掃除をしていくうちに、「人間は、心のチリを払わなければならない」と気が付き、ついに悟りをひらかれたのでした。このエピソードは、まさに、ギフテッドそのものだと思います。

また、比叡山を開かれた伝教大師・最澄上人は、どんな人でも十二年間一つのことに打ち込めば、必ず一験を得る、といわれました。

「なにかひとつ」――それだけで私たちは幸せになれるのです。

今、大治朗は自身の発達障害を「神様からのギフト」と呼んでいます。

愛も信仰も、理屈はいらない

先日、不思議な夢を見ました。イソップ物語の金の斧と銀の斧の話に出てくる泉の精が私に聞くのです。

「お前が結婚するのは、イケメン実業家か？　それとも、大治朗か？」

私は悩んだ末に、大治朗でなければ趣味のぬいぐるみ遊びができないことを理由に、大治朗との結婚を望みました。

夢から覚めると、「本当に、なんで私はそれでも大治朗が良いのだろう」と自分でも笑ってしまいました。

「なんで大治朗さんが好きなの？」

と、よく聞かれます。友達や仕事仲間は「家事も育児もしてくれるから最高の夫やん」と言ってくれますが、収入は不安定だし、そもそも家事や育児をしてくれるから好き、というわけではありません。

では、なんで好きなのか？　正直なところ、自分でもはっきりしないのです。明確な理由もないのに、とにかく一緒にいたい、それだけなのです。

学生時代、それなりに恋をしたこともありましたが、大治朗と出会ったときのようにビビと来た人は今までいませんでした。

そういえば、高校生の頃からいろいろな宗教書を読んできましたが、法華経を読んだ瞬間のあふれだす感激は、他の経典では未だに経験がありません。

もちろん、どの仏教経典も大変勉強になり、聖書も素晴らしいのですが、心をわしづかみにされるとびぬけた感覚は、今までに、法華経と、大治朗との出会いだけでした。

世の中には、宗教を理屈をこねて否定する人がいますが、私は理屈をこねることほど無意味なことはないと思っています。なぜならそれは己を真理から遠ざけるだけだからです。だから常々、信仰に理屈はいらないと考えてきましたが、もしかすると、愛する気持ちにも理屈はいらないのかもしれません。

私と大治朗は、宗教は違えど、信仰に生きる喜びを共有しています。そして、息子という大切な宝物を育てる使命があります。

仏教では、山に籠ってお経をお唱えしているだけが修行ではなく、今、自分が置かれている状況こそが修行の場であると説かれています。

私にとって大治朗との結婚は、仏様から与えられた、認め合い、受け入れ、助け合う最大の修行です。でも、修行とは本来楽しいもの。

そんな修行を愛する人とさせていただける人生は、本当にありがたいことですね。

クリスチャンとお坊さんの結婚は、これからどこへ向かうのか？

立川の安アパートで暮らすイエスさまとお釈迦さま、どうぞこれからも、愛と慈悲で私たちを見守ってくださいネ☆

おわりに

豊来家大治朗

このたびは、私たち夫婦のお話にお付き合いをいただきまして誠にありがとうございました。団姫の夫で太神楽曲芸師の豊来家大治朗と申します。

私が初めて教会に行ったのは二十六歳の時でした。そもそもなぜ教会に行こうと思ったのかは今もよくわかりません。それでも、体が疲れていると自然に甘いものを欲しがるように、心が疲れていると自然に神様を求めるのかもしれません。

それまでの私は宗教に無関心で、神様のことを何も知らずにいました。そんな私が教会へはじめて足を踏み入れたのは仕事に行き詰ったときでした。「しんどくなったから休ませてー」と教会に行くのは正に苦しい時の神頼みだとも思いましたが、それでも神様は私を助けてくださいました。そこから教会に通うようになり、クリスチャンとして歩みはじめました。

まず、クリスチャンとなるためには神様を信じ洗礼を受けますが、神様を信じたからといって、すぐに洗礼を受けられるわけではありません。プロテスタントの場合、まずは牧師先生に相談し神様を信じる気持ちを再確認されます。その後、半年から一年ほどかけて聖書の学びを受け、それが認められると、やっと洗礼を受けることができます。洗礼は自分の信仰を宣言した後、「洗礼槽」という水を張った風呂桶のようなものに体全体を沈めます。これは川で洗礼を受けたイエス様の故事にちなんだやり方なのですが、古いクリスチャンの方に聞くと昔は本当に川の中で洗礼を受けたので冬は寒くて大変だったそうです。

私が洗礼を受けたのは教会へ通いはじめてから三年後、二十九歳のときでしたが、その日は教会の仲間たちに祝福してもらい、興奮してなかなか寝られませんでした。そこで明け方、ジュースでも買いに行こうと外に出たのですが、そのとき世界が輝いて見えたことを今でもはっきりと覚えています。

団姫との出会い

団姫と初めて出会ったのは二〇一〇年の大須演芸場でした。朝、演芸場へ到着すると、玄関を掃除していた団姫から「おはようございます」と声を掛けられました。そして初めて顔を見た時「この人と結婚する！」と思いました。

この時の思いが「この人と結婚出来たらなー」や「結婚できるかな？」というあいまいな思いではなく「結婚する」という確信だったので、この後の様々な試練も乗り越えていけたのだと思います。

ちなみに団姫は本文で、はじめて会ったときに結婚する！　と思ったのは、いわゆる「無人島効果」かもしれないと書いていましたが、私の場合、その日の朝に大阪という都会から来たばかりでしたので、それはないなと思っていました。

団姫と付き合いだしてから、とにかく私は団姫と結婚したい一心でした。それでも、簡単に結婚できるとは思っていませんでした。

まず一番問題だったのが、私は今まで女性とお付き合いしたことがなかったのでうまくいかないかもしれないということでした。学生時代に何人かの女性とデートしたことがありましたが、どれも一回目のデートで連絡がつかなくなってそれっきり……ということばかりでしたので、団姫と二回目の約束が取れた時には天にも昇るような気持ちでした。

次の問題は団姫の信仰のことでした。クリスチャンはクリスチャン同士と結婚した方が良いといわれていますが、結婚の確信を持った時、団姫がクリスチャンだと思ったわけではありませんが、それでも最初はこれからの結婚生活の中で団姫にもイエス様を知ってもらい、ゆくゆくは一緒に教会に通えるようになればとも考えていました。ところがいざ付き合ってみると団姫はバリバリの仏教徒で、いつかは出家したいとまで言っている人だったので、これはクリスチャンになってもらうどころか、自分がクリスチャンだと知らせるタイミングを間違えたら大変なことになると思いました。

結局、この問題は自分で言う前に団姫にばれてしまいましたが、団姫は私の信仰を喜んでくれたので、解決しました。団姫が感づかなければ、なかなか言えないままだったと思います。

こうしてはじまった結婚生活ですが、当初、家事はやれる方がやっていこうと決めていました。しかし結婚後、団姫があまりご飯を作るのが上手ではないということが分かりました（団姫は味付けの加減がよくわからないようです）。そこで、食事の支度は自然に私の担当となり、今では食事の九割は私がつくっています（残りの一割は外食です）。

発達障害について

私は昔からよく「変わった子」といわれていました。小学校の通信簿にも「丁寧に掃除をしてくれるのですが時間がかかりすぎな所があります。もう少しうまく掃除しましょう」と書いてありました。今なら言っている意味も分かりますが、当時は丁寧な掃除の何がいけないのかわからなくて困った記憶があります。また、私は電話が大の苦手で、当時、学級連絡網で電話があった時は、次の子の家まで走って伝えに行ったりもしました。さらに、中学校からは授業中によく寝てしまうようになり、これは前日どれだけ寝ても寝てしまうくらいひどいものでした。

大人になり分かったことですが、私は発達障害のＡＤＨＤ（注意欠如多動性障害）の他にナルコレプシーという睡眠障害を併発していました。そのせいですぐに寝てしまうのだと分かったのです。病院で薬を処方してもらい、ＡＤＨＤもナルコレプシーも症状は改善していきました。症状を抑えることができ、まずは安心しました。ただ、それよりも大変だったのは、自分が発達障害だと認めることでした。今でこそ発達障害は病気ではないといわれていますが、その頃は脳の機能障害、つまり頭の病気であるという認識でした。今まで自分で変なところはあっても、他の大多数の普通の人と同じだと思っていたのにいきなり発達障害であるといわれ、「発達障害の人は普通の人ではない＝普通の人でない自分は弱い人だ」と思ってしまい、弱い自分を受け入れることができませんでした。

しかし、そんな私が発達障害を受け入れられるようになったのは、やはり団姫のおかげが大きいと思います。団姫は、まだ私が発達障害と分からず、でも、自分はなにかがおかしい、どうしたら良いのか分からないと悩んでいたときから、何科に行けば良いのかと病院を探してくれたり、実際に受診の際には付き添って、うまく言葉にできない私の代わりに、先生に日常でどんなことに困っているのか、どんな症状なのかを説明してくれました。また、団姫が私のことを色々なところでネタにしてくれたおかげで、私という生きにくい人間を受け入れてくれる人たちが増え、私が生きやすい土壌を作ってくれました。

子どものこと

「妊娠したみたい」と言われたのは結婚してから三年目の夏のことでした。私はずっと子どもが欲しいと思っていたので、それを聞いたときは飛び上がるぐらいうれしかったです。すぐに出産の本や名づけの本を買いに行きました。

そこから出産までの十か月間、団姫はつわりがひどく、本当に大変そうでした。私も、団姫が少しでも楽になるようにできるだけサポートしてきましたが、出産はこんなに大変なものなのかと身をもって知った時間でした。

子どもが生まれてからは、団姫が仕事のときには団姫が搾乳した母乳を温めて息子に飲ませたり、夜泣きがひどいときには外へ散歩に連れ出したりもしていました。少し大きくなってきてからは離乳食を作ったり（これも団姫が作るとひどいものができたそうで、それからは私が作っています）オムツを替えたり……。この頃、団姫の仕事が一段と忙しくなりましたので、育児のほとんどは私がするようになりました。

育児は毎日やっていると慣れてきて、団姫も私に子どもを任せ、安心して仕事へ行くようになりました。

子育てをしていて思うことは、世間でいわれる「子育ては母親がしないと」や「子どもには母性が必要」という言葉は嘘だということです。子どもを育ててくれる人は父親でも母親でも祖父母でも近所のおばちゃんでも構わない、母親だけに子育てを任せようとするからしんどいのであって、必要なのは母性ではなく愛情だと思います。もちろん私ももともと子どもは大好きでしたので、子育てがつらいと思ったことはありませんが、それでも毎日休みなく子育てをしていてしんどいと思ったこともありますし、いうことを聞いてくれないときはイライラしてしまうこともあります。

最初は子どもにイライラしてしまう自分がとてもいやだったのですが、ある時、「イライラは自分の気持ちだから抑えることはできない。だけど、それを子どもに向けないことが大切」と思い、イライラしてもええやん、そんなときもある、と思うようになり、とても気持ちが楽になりました。

団姫との結婚生活も七年目をむかえ、子どもも三歳になりました。ありがたいことに息子は今まで大きな病気もせず、神様と仏様に見守られながらすくすくと育っています。この子が将来どちらの宗教を選ぶのかよく聞かれることがありますが、今の息子は何教でもない、「愛嬌」です。

神様への感謝

最後に、私がいつも励まされ続けてきた『あしあと』という詩（作者マーガレット・F・パワーズ、筆者意訳）を紹介します。

ある人が夢を見ました
その人は神様といつも一緒に人生を歩いてきました
その人生の砂浜には自分と神様二人分の足跡がついています
しかしよく見るところどころ一人分の足跡しかないところがあります
思い返してみるとそこはとてもつらい出来事があったところでした
その人は言いました
「神様、貴方はいつも私のそばにいてくださいましたが本当に辛いときにはそばにいてくれなかったのですか？」
すると神様は答えました
「そうではない、本当につらいとき私はあなたをおぶって歩いていたのだ」

神様は、嬉しいときも苦しいときも、絶えず私と一緒にいてくださる存在です。クリスチャンになって十年、辛いことも沢山ありましたが、いつも神様のおかげでその試練を乗り越えることができました。もしクリスチャンにならなかったらどうなっていたのだろうと考えることもよくあります。

私にとって、神様はかけがえのない存在です。そして団姫は、私の人生の現場監督のような存在ですから、こちらの「カミさん」も、やはりかけがえのない存在なのです。

豊来家大治朗

二〇一七年七月

おわりに「御大切」

露の団姫

大治朗に求めていたもの

二〇〇九年三月三十日――私は、神様の存在と天国の存在を信じました。

この日は、朝から大変でした。病院から呼び出しの電話があり、大師匠のおかみさんを車に乗せ、急いで大師匠のもとへと向かいました。病院へ到着すると、大師匠の意識はすでになく、家族、弟子が集められました。

まもなく、その時が近づいてきました。大師匠の娘さんによって聖書の一節が読まれると、もう全く体が動かないのに、不思議と大師匠の手は胸の前でしっかりと組み合わされ、聖書が読み終えられるとともに、心電図の表す数字は「ゼロ」になりました。

「なんという人だろう」、と思いました。それまで、私のなかで大師匠は「クリスチャンの大師匠」でした。しかし、この瞬間から「キリスト者・露の五郎兵衛」となりました。

大師匠は、おかみさんはもちろん、ご家族、弟子をとても大切にされる方でした。また、おかみさんも大師匠を非常に大切にされる方で、その昔、キリスト教が日本へ伝来した当時、人々は「愛」のことを「御大切」と呼んだそうですが、まさに、愛とは相手を大切にすることなのだと学びました。

大師匠が亡くなった瞬間、本当に、その魂が天国へスーッと昇っていくのを感じました。だからか悲壮感はなく、亡骸は大師匠の魂を七十七年間預かっていた「入れ物」のように感じ、その信仰心のおかげで大師匠の死を受け入れることができました。それでも、バタバタと葬儀を終えて一息つくと、「ああ、大師匠は天国に行かれたから悲しくはないけど、やっぱり、寂しいな」と思いました。

私には、実の父親以外に父が四人います。えらい大人数ですが、これは、お坊さんの師匠、落語家の師匠、大師匠、そしてお釈迦さまです。

私は大師匠のご自宅に住み込みをさせていただいていたこともあり、大師匠には並々ならぬ想いがありました。大師匠と孫弟子、というより、いつも親分にくっついている子分のような気持ちでした。

正直、その翌年に大治朗と出会い、クリスチャンだと知ったとき、私のなかで大治朗の株はめちゃくちゃ上がりました。「ファザコン」ではないですが、それと似たようなものなのか、敬愛する大師匠と同じ信仰を持つ大治朗が、大師匠を亡くした私の寂しい思いを新しい風で包んでくれるような気がしたのです。

しかし、当初は戸惑いました。なぜならそれまでの私の知るクリスチャンは、大師匠ご一家はじめ人格者ばかりだったので、優柔不断な大治朗に「それでもクリスチャン⁉　信じられへん！」と何度も心の中でつぶやいたものです。ただ、冷静になって考えてみれば、大師匠と大治朗では、人生経験から信仰の経緯まで違うわけですから、大治朗が大師匠のようでなくて当たり前です。大治朗に大師匠というキリスト者を勝手に妄想し、求めていたとは、我ながら稚拙な人間だと恥ずかしくなりました。しかし、大治朗はそんな私を、

「団姫さんは大師匠が好きすぎて、『五郎兵衛教』の信者になってたんですね」

と笑ってくれました。そして、

「でも、五郎兵衛師匠という神様のような人はたったひとりなので、僕では五郎兵衛師匠にはなれません。でも、団姫さんの話を聞いていると五郎兵衛師匠は本当に素晴らしいクリスチャンだったと分かるので、僕も同じクリスチャンとして、頑張りますね」

と言ってくれました。

大きな喜び

オジサン編集者しかいないと思っていた春秋社に、若い女性編集者が入ってきたのは昨年のことでした。

「新入社員のヤナギと申します〜」

ホンワカとした雰囲気を持つ彼女は、コーヒーをすすりながら言ったのです。

「私、団姫さんのブログに出てくる、クリスチャンの旦那さんとのやりとり、大好きです〜」

そこから、一冊の本にしようということになり、執筆がはじまったのです。

原稿を書いている間は、私にとって大治朗の存在の大きさを再確認する時間になりました。しかし、それと同時に、すっかり忘れていた大治朗の数々の失敗、また、かけられた迷惑を思い出し、過去の自分に「ご苦労さん」と声をかけたくなりました。

私は、昔からなんでも宣伝するのが得意でした。高校生の頃は土日になるとスーパーでの試食のバイトに繰り出し、新作のウインナーからヨーグルト、年末には高級かまぼこや年越しそばを声高らかに売りさばき、バイト先からは「高校卒業したらうちで試食販売のプロにならない？」と誘われるほどでした。

しかし、その頃の私はすでに、人生で一番宣伝したいものが決まっていました。それが、「信仰を持つと人生が豊かになりますよ」ということでした。落語家になり、お坊さんにもならせていただいた今、やっとその宣伝のスタートラインに立っています。

さて、そんな私は結婚当初から大治朗のことも宣伝したいと考えてきました。イケメンでもないし、ちょっとハゲちゃってるし（個人的にはそこが好きなんだけど）、ＫＹだし……こんな人のどこをどうやって宣伝するの？　とも思いましたが、なにが当たるか分からないのが芸界の面白いところ。「これは大治朗独特のものだ」と感じるものはすべてネタにし、合う仕事を探してきました。気が付けば、大治朗のことが日々「大切」になっていたのです。

「多様性」が叫ばれるようになった昨今、私たち人間にはなにが求められているのでしょうか？　それは、「寛容」や「認め合い」、「尊重」といった言葉の数々ですが、その原動力となるのは、「相手を大切に思う気持ち」に他なりません。

大治朗を大切にしますと教会で神さまに誓ったあの日。『きみは愛されるために生まれた』（いのちのことば社）という賛美歌は、私たちに語りかけました。

「永遠の神の愛は　われらの出会いの中で実を結ぶ　きみの存在が私には　どれほど大きな喜びでしょう」

私の大きな喜び、大治朗。

神様に愛されている大治朗が、私には愛おしくてなりません。

おわりに

最後に、本書の刊行にあたり法務ご多忙のなか仏教教義についての添削をしてくださいました比叡山雙厳院住職・福恵善高師匠、そして、キリスト教の部分に関する添削をしてくださいました菅原義久牧師先生、菅原早樹先生に心より御礼申し上げます。

また、本書が「イマドキ」の「ポップな本」となったのは、編集を担当してくださった楊木希氏の、若者目線を活かした的確なアドバイスのおかげです。この場を借りて感謝申し上げます。

そして、今は天国にいらっしゃる大師匠。

大師匠という真のクリスチャンに出会わせていただいたおかげで、私は今、大治朗というクリスチャンと家庭を築いています。

大師匠に教えていただいた、「愛とは御大切」だということ。結局「愛」とはなんなのか、私にはまだよく分かりませんが、それでも、大治朗と息子のことを大切に思う気持ちだけははっきりしています。大師匠にいただいたご縁、そしてお導きを大切に、これからも大治朗とともに歩んでいきますネ！

平成二十九年十月

〝世界一クリスチャンにお世話になっている仏教徒〟　露の団姫

【著者紹介】
露の団姫（つゆのまるこ）
1986年生まれ。落語家兼尼僧。兵庫県尼崎市在住。落語家になるか尼さんになるか悩む中、落語の創始者、初代・露の五郎兵衛が僧侶であり、説法をおもしろおかしく話したことが落語の起源と知り、2005年、高校卒業を機に露の団四郎へ入門。2008年、内弟子修業を終えて、大阪の繁昌亭はじめ寄席・テレビ・ラジオなどでも活躍。2011年、第6回・繁昌亭輝き賞を最年少で受賞。2017年、第54回・なにわ藝術祭落語部門新人賞受賞。その一方で、15歳のとき、「生と死」の問題から「法華経」に出会い、感銘を受ける。2011年、法華経を世に広めるため天台宗で出家。2012年に比叡山行院での修行を行い、正式に天台宗の僧侶となる。「一隅を照らす運動広報大使」も務める。著書には『法華経が好き！』、『団姫流 お釈迦さま物語』（いずれも春秋社）、『プロの尼さん―落語家・まるこの仏道修行』（新潮新書）、『露の団姫の仏教いろは寄席』（佼成出版社）ほか。
露の団姫公式ホームページ　http://www.tuyunomaruko.com/

聖《セイント》♡尼《あま》さん――「クリスチャン」と「僧職女子」が結婚したら。

2017年11月20日　第1刷発行

著　　者　露の団姫
発 行 者　澤畑吉和
発 行 所　株式会社 春秋社
〒101-0021　東京都千代田区外神田2-18-6
電話　03-3255-9611（営業）
　　　03-3255-9614（編集）
振替　00180-6-24861
http://www.shunjusha.co.jp/
装丁イラスト　加藤のりこ
印刷・製本　萩原印刷株式会社

ISBN978-4-393-43651-6　　定価はカバー等に表示してあります

露の団姫

法華経が好き！

落語家兼尼さんで「何よりも法華経が好き！」という著者が、法華経の教えの要点と魅力を軽妙な語り口調でユーモアたっぷりに説いた、日本一わかりやすい「法華経の入門書」。

１５００円

露の団姫

団姫流　お釈迦さま物語

落語家で尼僧の著者による「初心者向け」の仏伝。誕生から修行や悟り、涅槃まで、釈尊の生涯を読み解く80のキーワードを選び、ユーモアも交えつつ見開き完結型で明快に解説。

１５００円

中村　元

ブッダ入門

やさしく、あじわい深く語られるブッダのすべて。神話や伝説を排し、一人の人間としてブッダの真実の姿を描く。その世界史的・文明史的意義を解明する画期的なブッダ伝。

１５００円

中村　元

中村元の仏教入門

東方学院での講義録をもとに、インド学・仏教学の泰斗である中村元が仏教をやさしく解説。その深い見識と幅広い視野から語られる釈迦と原始仏教の真髄とは。

１６００円

ひろさちや

釈　迦

仏教の祖、釈迦は何に目覚め、何を伝えたか。生涯の道のりから、仏教の誕生とその教え、また思想的背景をわかりやすく解説した「釈迦の伝記」の決定版。

２０００円

▼価格は税別